《思想＊多島海》シリーズ　5

記憶・暴力・システム

メディア文化の政治学

伊藤　守

法政大学出版局

はじめに

いま、日本社会において途方もないかたちで生起している変化とはいかなる変化なのか。

本書は、コミュニケーション論の視点から、この問いをめぐって、この五年ほどの間に書いた文章をまとめたものである。この問題を筆者は個人的に「九〇年代問題」と名づけ、どこが、どう変容しているのか、具体的なフィールドに立って考察を試みたいと考えてきた。本書はそのささやかな、手探りの試みの産物である。

いま「九〇年代問題」と述べた。それは「消費社会論」への違和感から発している。一九九〇年代に経験した数々の出来事が——実際はその変容の発端が八〇年代の前半にあった、といまは考えている——「高度消費社会論」が描き出した現代社会の特徴とはおよそその性格を異にするのではないか、と感じた私の違和感ははなはだ不確かなものだったけれども、その違和感のよってきたるところをはっきりさせることがどうしても必要であると思われたのである。

「消費社会論」で展開された論議には、いくつかのポイントがある。第一は、マスメディアが産出する大量の記号の消費を通じて欲望そのものが生産されていること、第二は、その浮遊する記号と相関して身体が生きる肉体としてのマチエールの強度を失いはじめていること、第三は、それゆえに権力が抑圧や暴力としては現象せず、さらにいえば、抑圧であれ暴力であれ政策遂行であれ、なんらかの政治的行為の正当性と妥当性の調達を目的とする合意の政治学のプロセスに生じることもないこと、つまり権力の主要な舞台が恣意的な記号の連鎖がつくり出すモード＝魅惑の空間にこそ存在しているという点である。これらの論点を明確に析出した「消費社会論」が私たちの日常生活や経験を構成する力の一つの側面をリアルに分析していたことは否定しえない。また現代社会論としての「消費社会論」の有効性はいまなお存在することも確かなことだろう。だが、この「消費社会論」の権力概念だけでは説明しえない、メディアと身体と権力の新たな編制モードが生成しつつあるのではないか、等々いくつかの疑問が膨れ上がっていたのである。具体的に指摘してみよう。

第一に、電子メディア・ネットワークを基盤とした社会的コミュニケーションの構築と一体となった労働や生産過程における身体と行為の再編という事態の進展である。それは「浮遊する記号」の消費過程の問題系にとどまらない、新たなメディアと身体の問題系をどう把握するのか、という問題にかかわる。第二に、映像・音声・語り・テロップといった記号の複合的な編制をつうじて独自の表情を備えた「テレビ的リアリティ」が造形され、私たちの感覚や世界認識がこの「テレビ的リアリティ」との相互作用のなかで変容している事態、これを「浮遊する記号」「魅惑の空間」と位置づけるだけでは変化の核心部分を見逃してしまうのではないかという疑問である。第三に、「テレビ的リアリティ」の編制と相関するかたちで、実はテレビが合意の政治学のプロセスに決定的なかたちで関与・介入しているのではないか。しかもその問題は、湾岸戦争の際の国際的なニュース映像――そして九・一一のニュース映像――を日常世界で消費する経験をつうじて、集合的政治主体が構築されたことに象徴されるように、グローバルに展開するメディア資本を背景として、メディアが描く文化の地政学的構図が変容し、オーディエンスのポジションが再定位される過程と深く関連しているのではないか。そうした漠然とした問題関心であった。

端的にいえば、九〇年代から二〇〇〇年代を貫く「日本国家の再定義」といううきわめて重要な政治過程において、状況を定義し、それ以外の定義、それ以外の認識を許さない仕組みを構造化する強力な権力装置としてメディアが、とりわけテレビが圧倒的なパワーを発揮しているのではないか、と思われたのである。要するに、「消費社会化」という文脈よりは、情報化といわれるテクノロジーの革新と「ポスト・フォーディズム」そして「ネオ・リベラリズム」といった概念が指示する、テクノロジー、経済、政治の分野が複雑に結びついた歴史的な変容のなかで、メディアの機能や政治性について、さらにメディアが発する声に、ときには反発し、ときには共感する、オーディエンスのコミュニケーションと、このコミュニケーションを通じて成立する集合的文化の政治性を考えたかったのだ。このような問題関心からして、当時多くの社会学者が論及していたボードリヤールやハーバーマスから、私は距離をおかざるをえなかった。思考の導きの糸となったのはイギリスの文化研究である。

カルチュラル・スタディーズの文献とともに、私の問題関心をかたちあるものにしていく作業において、重要な意味をもち続けた一冊の本にぜひとも言及しておきたい。ノーマ・フィールド『天皇の逝く国で』(一九九四年、みすず書房)である。メディア文化の問題、社会的コミュニケーションの問題を具体的なフィールドに立って考察を試みようとしていた私にとって、それは決定的な意味をもつものだった。

この本で取り上げられているのは、「ある事件」がなければ、普通のおじさん、おばさん、として過ごしたであろう人たちである。

そのひとり、知花昌一は、沖縄で国民体育大会が開催された一九八九年、ソフトボール競技の会場で掲揚台に上がって日の丸の旗を引き下ろし、ライターで火をつける挙に出た人である。この事件後、彼の経営するスーパーには、連日、「国賊、知花昌一に天罰をくだせ」と叫ぶ、拡声器を載せた黒いトラックが押しかけた。さらに、建造物侵入と器物破損だけを告訴事実とした告訴状に対して、「国の検察官による起訴状は、一貫して『国旗』という語」を使ったのだという。当時、日の丸はどんな法的文書にも公式の日本国旗として定められてはいないにもかかわらず。

つぎに語られるのは、交通事故で亡くなった自衛隊員の夫の神道神社への合祀に国家が関与したことの合法性を問うた中谷康子である。宗教的権利の侵害を理由とした訴訟から一五年が経過した一九八八年、最高裁は敗訴を宣告する。告訴してからすぐ、彼女のもとに「脅迫や罵倒の電話や手紙が殺到しはじめた」。「判決が気にくわないなら、出ていけ、クリスチャンの国へ」「けがれもの、日本の土地にはいるな」という脅迫の声が。

そして一九八八年の冬、天皇の病気の回復を、との主旨で全国各地に記帳所が置かれたなか、「天皇の戦争責任はあると思います」と定例の県議会で発言した元長崎市長の本島等。彼は全国から激しい指弾を浴びる。

市民的不服従の権利を主張した知花、国が憲法の規定を踏みにじることの不当性を身をもって訴えた中谷、自己の良心に従って歴史に対して責任をとることとはなにかを示した本島、この三人の経験――

そしてもしかすると、誰もが経験するかもしれない——を紹介したのは、彼らの行為を賞賛するためではない。むしろ私たちが問いとして立てねばならない事柄が、その経験にはっきりと示されているからである。その問いとは単純なことである。しかしマジョリティの自明性の内にいるかぎり、なかなか気がつかない。つまり、ある事柄を書き、発言するという言語行為がいかにポリティカルな問題であるのか、ということである。言い換えれば、コミュニケーションという事態がいかに深く、闘争や葛藤とかかわっているのかということである。三人が経験したのは、日本人の大多数が共有する価値や見解を「常識」として押し付ける強力な圧力である。「常識」という名のもとに生産された多数派の声は、少数派の声を押しつぶし、排除する。彼らは、この多数派がつくる声と衝突する。みずからが発言しなければかき消されてしまう声を、もう一つの声、として多数派の圧力に屈することなく表明したのである。

一九八〇年代後半から九〇年代にかけて「高度情報化社会」が到来したといわれた——誰もが自由に情報を発信できる時代の到来と喧伝された——「日本」というこの国で暮らす私たちの、こうしたコミュニケーション構造の暴力性は、私が「九〇年代問題」と名づけた「ネオ・リベラリズム」の台頭や「ポスト・フォーディズム」そして「グローバル化」とどのような布置関係にあるのか。

大多数が共有する価値や見解を「常識」として押し付ける強力な圧力を形成するメディア、日々の経験を自明なものに編制し、しかもその自明性を、変化をともないながら組み替える強力なパワーをもったメディアに焦点をおきながら、メディア文化の生産と消費をふくむコミュニケーション構造全体の問題と、それを消費するオーディエンスの行為を考えることが本書に収録した文章の狙いだった。もちろん、その問題の端緒とほんのわずかな側面を示しえたにすぎないけれども。

本書の構成について述べておこう。

それぞれの論考はその時々の関心にもとづいて書かれたものであり、体系性や一貫性があるわけではない。しかし、I部、II部、III部、IV部とした本書の構成には、それなりの意味を込めている。

第I部第一章では、コミュニケーション理論の課題をハーバーマスの理論を対象にして論じた。いま『天皇の逝く国で』を通して見たように、個人が生きる現実は、つねに非対称的な権力関係を通じて成り立っている。日常的な書く・話すという言語行為ですら、この非対称的な権力関係を離れては語れないし、言語コミュニケーション行為自体、その関係を強化・補完・相補してもいる。フーコーが述べた系譜学的な探求の視点からいえば、ある社会に内在する一個の組織されたディスクールの制度と機能に結びついた中心化する諸権力の諸効果と、それに対抗する知、地位の低い、無資格の、資格剝奪された知との関係が、コミュニケーション行為のさまざまな水準で渦巻いているのである。そうであるならば、コミュニケーション理論は、「書けること」「発言できること」の背後にある「書けないこと」「発言できないこと」、「喧伝された声」の陰に隠された「無視され排除されつづけてきた声」など、さまざまな声が錯綜する言説空間の諸力のせめぎあいに、分析の目を向ける必要がある。コミュニケーションが展開される社会の、構造的で、しかも関係論的な「場」の問題を解明しなくてはならないのだ。しかし、従来の社会学理論としてのコミュニケーション論は、支配的な声と局所的な声や記憶との、衝突や闘争をともなうダイナミックなプロセスを十全に解き明かしてきたといえるだろうか。この章では、この問題を乗り越えるために理論的な考察を加え、闘争や葛藤のプロセスとしてコミュニケーションをとらえる新たな視点を提示している。本書全体の視点でもある。

第II部は、九〇年代から今日に至る日本のメディア文化に焦点を当てながら、そのなかで継続的に編制された言説の政治性を論じたものである。第二章では、イギリスの文化研究における階級概念の再検討のプロセスを論じた上で、日本の新聞の紙面に表象された「主体」の変容を描いている。「労働する主体」から「消費する主体」への位置取りの移行、「民」という浮遊する記号をめぐる政治的なヘゲモニーの獲得過程は、「自己責任」の名のもとに進行する現在のネオ・リベラリズム的心情の発端に位置していたと考えることができる。メディア表象の歴史を振り返るとき、少なくともこの時期の「階級」をめぐる言説編制の転換が決定的に重要な位置を占めているように思う。

第三章では、九〇年代のテレビドラマを対象に、現代女性の表象に照準しながらドラマのリアリティとオーディエンスの読解の多様性を照射している。ジェンダーフリー教育が叫ばれ、女性の社会進出がすすんだとされるなか、テレビドラマの世界は多様な女性の声を男性主導社会の現実と矛盾しないかたちで平板化していることを論じた。

第四章では、日本の戦後史をめぐる記憶・表象の問題を『プロジェクトX』と『問われる戦時性暴力』という二つの番組に即して論じた。この「はじめに」を書いている二〇〇五年一月、NHKプロデューサーの記者会見で、政治家によるNHKへの政治的介入があったことが明るみにでた。言論機関としての存在意義が根底から問われる事態であり、まさに大多数が共有する価値や見解を「常識」として押し付けるメディアの表象の政治性が露呈したといえる。しかし、本文でも指摘したように、問題は、NH

Kという放送機関や、メディア産業と政治権力との関係、にとどまらない。NHKの改竄を国民の「常識」に即してみれば「致し方ない」と支持する私たちのコミュニケーション構造の問題なのだ。

第五章では、アスリートの身体の表象を問題化している。リーフェンシュタールの『オリンピア』を対象に、人種と身体、身体とナショナリズム、のかかわりを論じたが、この論考で示唆したかったのは、一九三〇年代という過去の問題ではなく、むしろ現在の身体と美をめぐる表象の生産と受容のあり方である。それは、本文でも指摘したように、美と政治の問題を切り離して論じる彼女の死にさいして掲げられた記事のフレームの問題であり、またナイキやアディダスといったグローバル資本の世界戦略の一環として展開されているブラック・アスリートのコマーシャル・フィルムがあらゆる国で消費される際にみられる、黒人の表象の政治的意味、イデオロギー的性格にかかわる問題でもある。リーフェンシュタールの『オリンピア』は、これら現代的テーマの起点にある作品として位置づけることができる。

第Ⅲ部に収録した二本の論考は、「情報化」「ポスト・フォーディズム」「ネオ・リベラリズム」という現代社会の変容を規定する構造的要因の布置関係を分析する一方で、「ネオ・リベラリズム」の政策がもっとも強力に推し進められたメディア産業の構造的変化を分析したものである。その変化は私たちの日常の秩序とフレームを大きく組み換えている。第Ⅱ部がテクスト分析とオーディエンス分析に限定して論じたのに対して、第Ⅲ部は個々の具体的な作品が生産され受容されるシステムの制度的変化を分析したものであり、すでに述べた「九〇年代問題」にかんする私なりの考察である。第七章で論じた現代の「戦争とメディア」にかんする検討で強調したのは、メディア・システムの歴史的転換のもとで、ニュースの広報化が常態化しつつあることだ。今後のメディア研究のなかで、この分野のより深い分析が求められている。

第Ⅳ部は、短い小論である。論文とはいいえない文章だろう。だがメディアの権力性を論じる一方で、メディアの可能性もまたぜひとも考究したかった。可能性を切開するわずかな切れ目を入れたにすぎないが、メディアの「死」を前にしてもなお、ベンヤミンとともにその「生」について語りたかった。伝達不可能性を語る言説に対しては、その可能性を。伝達可能性を喧伝する言説に対しては、その不可能性を。

そして、本書の後に書かれるべきは、メディアの存在論だろう。

目　次

III　社会システムの再編制

I　闘争としてのコミュニケーション

第一章　コミュニケーション理論の刷新と文化の批判理論

一　安楽の全体主義に抗して

世界全体を資本主義が覆い尽くし、「資本の全体化」が進行していく過程で、西欧、北アメリカ、そして日本がこの間経験した、そして現在も日々経験している消費社会の誘惑――そしてその裏側に沈澱したシニシズムと権威主義的ポピュリズム――は、社会的な困難や抑圧や矛盾に眼をふさいだ「快適な空間」に人々を自閉させてしまいかねない、強固なディスクール空間をつくりあげたかにみえる。ラディカルな精神を維持し続けることが困難な「安楽への全体主義」（藤田省三）の時代であるからこそ、私たちに求められるのは、文化的抑圧や差別する力に眼を覆い、支配的な価値観を不断に再生産する「生活様式の全体主義」からみずからの思考や感情を少しずつ解き放つ水脈をつくりだしていくことだろう(1)。

そして、そのためには、これまでの批判的ディスクールをつくりだしてきた視座そのものを対象化しながら、対象化する私たち自身の視点をも絶えず捉え返す営みがどうしても必要なのだ。

この章では、そうした問題関心に立って、一般に批判理論といわれる知的潮流を形成してきたフランクフルト学派の問題関心を継承し、批判理論の現代的パラダイムを切り拓いたハーバーマスの批判理論が、どのような意義をもつのか、それはどの点で批判理論の可能性を広げ、また逆に可能性を狭めてしまったのかを、ポスト構造主義の視点とも関連づけて検討し、両者の論争から切り拓かれうる展望について考察を加える。八〇年代社会学理論の革新としてルーマンの理論とともに多くの研究者の注目を集めたハーバーマスの理論を今日あらためて考究する必要があるのだろうか、という疑問が提起されるかもしれない。すでに多くの、そして本質的な批判が加えられているからである。

だが、あえてハーバーマスの理論を再検討したいと思う。その理由はいくつかある。第一の理由は、彼が批判理論を現代において再生するための中軸的概念として設定したコミュニケーション的行為パラダイムの意義をあらためて確認する必要があると考えるからである。現代社会を「ポスト・マテリアル社会」と特徴づけたイタリアの社会学者A・メルッチが指摘するように、現代の高度資本主義社会の主要なコンフリクトは、物的財の生産と配分をめぐる対立点よりは、情報やシンボリックな資源の生産と消費にかかわる領域で起きており、権力と対抗のダイナミックなプロセスは記号のセットのなかに編制された意味をめぐる抗争として生成している。コミュニケーション的行為のパラダイムの精緻化が求められる理由もそこにある。第二の理由は、とはいえ、ハーバーマスの問題提起を生かすためには、彼の理論を内在的に批判することがきわめて重要であり、特に言語と主体の問題系、とりわけラカンの欲望/ランガージュ/無意識の問題系を視野に入れた分析が、今後、言語とメディアそしてコミュニケーションの社会理論を構想する場合にきわめて重要であると思われるからである。また第三に、ハーバーマスとポスト構造主義の言語・コミュニケーションをめぐる分析の相違は、消費社会化と情報化がちょうど交差するような地点で電子メディアが巧みに構成した記号空間に対して、さらにこの記号の空間を消費するなかに立ち現われる集合的行動に対して、新たな批判の水脈をどう構成するのかに深くかかわっていると考えるからである。

あらかじめ述べておくならば、以上のようなスタンスから筆者がここで標榜しているのは、進化論的なコミュニケーション的行為パラダイムからカルチュラル・スタディーズのコミュニケーション的行為パラダイムへの転換である。言い換えれば、個体の発達モデルを前提としたコミュニケーション・モデルを通じて共同性の再構築を語る視座から、社会集団間の闘争やディスクールの多層的な編制のなかで作動する権力と知、そしてそれに対抗する複雑な運動を読み解いていくような、闘争としてのコミュニケーション的行為パラダイムへの視座の転換である。

以下、次のような視点から論究していこう。まず、ハーバーマスの「コミュニケーション的行為」「コミュニケーション的合理性」が導出される根拠をフランクフルト学派第一世代との対抗関係のなかに見定め、その独自性を明らかにする。というのも、「啓蒙の弁証法再読」に端的に示されているように、ハーバーマスの構想はなによりも第一世代からの「創造的離脱」として展開されたからである。特に「自己保存の観念」「理性」の概念と対比させて、コミュニケーション的パラダイムの意義について検討しよう。次に、多くの論者から指摘された「コミュニケーション的行為」概念の基本問題を一瞥したあと、彼の理論を発展させていくという視点から、いくつかの課題について検討を加えていくことにする。そして最後に、現代における批判的社会理論の構築に向けたいくつかの方向性を示唆することにしよう。

二　コミュニケーション的行為のパラダイム

近代的理性の自己崩壊

アドルノとホルクハイマーに代表されるフランクフルト学派の関心は、ヘーゲルの市民社会認識を継承し、人間の悲惨な運命が客観的全体としての社会に媒介されていることを見抜く「批判的」理論を構築することであった。啓蒙思想の伝統を背景として、近代社会は「自律した個人」による自由な社会を標榜してきた。しかし、近代・現代社会は、個人に抑圧と差別と貧困を、主体に他律を強制する客観的な力として作用している。それゆえに、アドルノがヘーゲル読解をとおして指摘したように、「社会がおのれ自身の理性のなかに、まだ治りきらない非理性の傷があることを認め、しかしまたこの非理性的なもののうちにも理性的なものの痕跡を認めることによって(2)」、「文化的創造の主体の自律」「歴史における理性の実現」というドイツ観念論の中心命題を実現する契機を現実の歴史過程の対立と矛盾のなかに析出することが標榜されたのである。それは、現実の「実証主義的」分析や現実の合理化を一切拒否する弁証法的社会理論を構築することであった。

ところが、アドルノとホルクハイマーは、前期フランクフルト学派の理論的支柱であった「啓蒙そのものがラディカルに自己自身のありかたを明らかにする」自己啓蒙のプロジェクトを放棄する「黒い本」を共同執筆する。ニーチェに範をとる『啓蒙の弁証法』である。

『啓蒙の弁証法』が論じたのは、「そもそものはじめから合理性には、自己破壊への実践的方向性が属していた」[3]という認識に示されるように、批判理論が依って立つ「啓蒙的理性」の自己崩壊というテーゼであった。啓蒙的思考は啓蒙の伝統のなかでは神話に対する対立命題であり、神話に対抗する力であると考えられてきた。いわばそれは、アニミズム的世界観、神話的世界観、そして中世のキリスト教的世界観から離脱する「文明化の過程」、ウェーバーの言葉を使えば、人類の全歴史を貫く「世界の魔術からの解放」として肯定的に把握されてきたのである。しかし、アドルノとホルクハイマーにあっては、神話的暴力の克服はそのつどの新しい段階で「神話的再来」を呼び出すものとされる。「すでに神話そのものが啓蒙である。そして啓蒙は神話へと反転するのである」[4]。それはなぜか。それに答えるためには、そもそもみずからが可能としたフマニテートをまたみずから破壊してしまう啓蒙的理性とはなにか、を見ておく必要がある。

『啓蒙の弁証法』の補論で、彼らは『オデュッセイア』のエピソードをたどりながら、啓蒙的プロセスはそもそもの始まりから「自己保存の動因」によって生じたことを明らかにする。外部から侵入する自然力の合理的克服という強制によって主体が歩みでた教養の過程は、「単なる自己保存のために生産力を計り知れぬまでに高める」プロセスであるばかりでなく、同時にそれは人間の目論見を超えた独自の絶対的「他者」である「自然の否定」の過程でもある。外なる自然を支配するというテロスのもとでは、自然との驚きに満ちた遭遇と交渉をとおしてみずからの経験を構成する有限な自然的存在としての人間の自己意識は消え失せてしまう。アドルノとホルクハイマーは次のようにいう。

人間が自分自身を自然としてもはや意識しなくなる瞬間に、人間がそのために生きて行くすべての目的、社会の進歩、あらゆる物質的・精神的力の向上、さらには意識そのものさえ、すべては価値を失ってしまう。そして、手段を目的化して王座に即かせること、……それはすでに主体性の原史のうちに認められる。人間の自己の根拠をなしている、人間の自己自身に対する支配は、可能性としてはつねに、人間の自己支配がそのもののために行われる当の主体の抹殺である。なぜなら、支配され、抑圧され、いわゆる自己保存によって解体される実体は、もっぱら自己保存の遂行をその本質的機能としている生命体、つまり、保存さるべき当のものに他ならないからである。(5)

自己保存を宿命づけられた生命体がひとたび外的自然の支配を目的とするとき、自己保存の遂行自体が当の主体の抹殺を帰結するというパラドックス。アドルノとホルクハイマーは、このパラドックスを啓蒙的理性の発端から決して拭い去ることのできない烙印として把握するのである。

コミュニケーション的行為のパラダイム

しかし、ハーバーマスならずとも、私たちは次のような問いに就かざるをえない。理性がその原史においてさえ目的合理的な自然支配の形態でのみ存在するとするならば、アドルノとホルクハイマーが当の批判を遂行するさいに立脚した「批判的理性」はいかに捉えうるのか。自己保存のために道具化された「道具的理性」に解消することのできない理性とはいかなるものであり、またそれはいかに説明されるのか、と。ハーバーマスによれば、アドルノは理性による理性の批判という、全面化された批判にともなうこの遂行的矛盾におそらく気づいていた。気づいていたがゆえに、『啓蒙の弁証法』から二五年後に書かれた『否定弁証法』においても、アドルノは「全面化された批判としての思考がもつ逆説的な構造」から撤退することなく、理性による理性批判という遂行的矛盾を貫き通したのである。こうしたアドルノの歩みに対して、ハーバーマスは批判を基礎づける規範的基礎理論が可能であることを積極的に主張し、理性による理性批判という批判理論がはまりこんだ隘路から離脱する独自の理論構築を開始する。それは、『啓蒙の弁証法』が平板化して捉えたがゆえにペシミズムに陥る原因となった、モデルネ独自の尊厳を見直すことによって実行される。

ハーバーマスによれば、モデルネの歴史的意義は、宗教や形而上学に支えられた世界像が社会的生活世界の行為規範としての生命力を涸渇させる一方で、真理の観点から認識の問題を照射する認知的・道具的合理性、純粋性ないし美の観点から趣味の問題を取り上げる美的・表現的合理性、さらに規範的正統性の観点から正義の問題を主題化する道徳的・実践的合理性、という三つの合理性複合体が分化することに求められる。M・ウェーバーが「価値領域の強固に自律的な分出」と述べた事態である。この分化によって、真理にかかわる問題、正義の問題、そして趣味の問題を、それぞれ独自の論理によって展開しうる地平が開示されることになる。自己保存のために自然支配を企む「道具的理性」に一面化することなく、妥当性を要求する発話内容を了解し、批判し、反省化する「コミュニケーション的理性」の地平である。アドルノとホルクハイマーは、この文化的モデルネのもつ「理性的内実」を正当に評価できなかったために、初期批判理論の約束を果たすことなく終わったというのである。

もちろんハーバーマスは、現代社会の中で行為者相互の言語を媒介としたコミュニケーション関係が「コミュニケーション的合理性」「コミュニケーション的理性」を無媒介的に実現するとみなしているわけではない。むしろ逆である。ルーマンのシステム論が論じたように、言語を媒体とする相互調整作用は、資本主義経済と近代国家の成立のもとで、一方では貨幣を媒体とするサブ・システムと他方では権力を媒体とするサブ・システムに取って替わられる。そのため、言語による合意形成の過程は回避され、妥当性にかかわる多くの実践的問題が自立化したシステムの目的合理性という狭い地平に収斂される傾向が生まれる。その意味では、自然的対象のみならず社会的諸関係をも技術的に操作しようとする精神を「道具的理性」として批判したアドルノやホルクハイマーの立論は、たしかに歴史的現実の本質に迫り、その根元をえぐり出している。「道具的理性」はいまや個体の自己保存のレベルを超えて社会のさまざまなコミュニケーション領域のなかに具現されているのだ。しかし、「生活世界の植民地化」が間断なく進行し「システム合理性」が優位を占めるとしても、言語を媒体とした規範的なコミュニケーション的行為・関係が完全に消失してしまうことはありえない。そこには、批判を開始する準拠点が確保されている、とハーバーマスは指摘する。

近代的理性の高潔な伝統を「未完のプロジェクト」として救い出そうとする一つの試みとして、彼の理論的枠組みをここでは正当に評価すべきだろう。しかし、アドルノとホルクハイマーがいまだ捕らわれたままであったと指摘する「意識哲学のパラダイム」から、より包括的な相互主観的了解にもとづく「コミュニケーション的合理性」「コミュニケーション的理性」というパラダイムへの転換という主張は、非同一性にこだわり、そこに否定の刃を見いだしつづけたアドルノやホルクハイマーの先鋭さを失わせることになったのではないか。

三　生活世界概念の再検討

生活世界の規律的権力

フランクフルト学派についての卓越した歴史的研究『弁証法的想像力』、また「ルカーチからハーバーマスへの概念の冒険」という副題をもつ『マルクス主義と全体性』を著したジェイは、ルカーチに始まる西欧マルクス主義の知的伝統のなかでトタリテート概念がいかに論じられてきたのかを内在的に捉えた後書のなかで、ハーバーマスの仕事を「一つの総体としての西欧マルクス主義の伝統の基礎を再建しようとするきわめて野心的な試みである」(6)と位置づける一方で、「彼の体系のうちには依然として数多くの未解決の問題が存在するが、そのうちでもっとも差し迫った課題は、彼の言語論が提起したものである」[7]と述べている。そして、「ポスト構造主義の挑戦」という最終章で、ハーバーマス理論がポスト構造主義ないしポストモダニズムといった名称で括られる諸思想からの挑戦に応えうる内容をもちえているのかどうかに疑問を呈し、続編の『フォース・フィールド』では詳細にポスト構造主義とハーバーマスの対抗関係について論じている。さらに、ポスト構造主義以降のフランス思想をマルクス主義の立場から批判的に検討を加えた、カリニコスの『ポストモダニズムに抗して』は、「ハーバーマスのコミュニケーション的合理性があまりにも表層的で、ポスト構造主義的な理性批判に抗することができないとすれば、それは同時に社会的モダニティにあまりに強い評価を与え、啓蒙のプロジェクトが現代社会において実現されてきた程度を誇張しすぎる傾向をもっているからだ」[8]と、手厳しい批判を行なう。彼によれば、ハーバーマスの分析枠組みの転換は、現代社会と文化の病弊をえぐり、モダニティに対する徹底した批判を向けることに失敗しているのである。

ハーバーマスの戦略に対する以上のような言語とコミュニケーションを焦点とした内在的で批判的な立場から、より包括的な検討を行なっているのがアクセル・ホネットである。

フランクフルト学派第三世代に属し、構造主義、ポスト構造主義の理論動向を批判的に検討しながら、フランクフルト学派の今日的位置を確定しようと努めるホネットの『権力の批判』や『承認をめぐる闘争』は、フーコーの権力論との対比のなかでハーバーマスのコミュニケーションと言語の理論が権力との闘争の局面を理論化しえていないことを明らかにし、ヘーゲルの相互承認関係論に立ち戻りながら新たな理論化をめざした労作である。

前書のなかでホネットは、ハーバーマスのコミュニケーション的行為の理論の欠陥を次の二点に整理する。第一に、コミュニケーション的行為と目的合理的行為との分析的かつ理念的な区別を経験的な現象領域としての「生活世界」と「システム」との区別に投影してしまったために、「生活世界」内部での権力関係やコミュニケーションの病理の問題を分析する視角を隠蔽してしまう結果になったことである。たしかに彼の主張するように、ハーバーマスは批判の原理的根拠をコミュニケーション的理性に求めるあまり、実際の生活世界のなかに渦巻く権力関係やコミュニケーションの病理に眼を向けずに済ましてしまう。彼にとっての現代社会の危機は、システムのよる生活世界の浸食、目的合理的行為によるコミュニケーション的行為の縮減という側面に限られ、あたかもコミュニケーション的行為によって織りなされる生活世界が批判を必要としない特権的領域のように扱われてしまうのである。こうしたハーバーマスの立論に対して、現代の危機の位相を生活世界とシステムという二分法から把握するのではなく、生活世界内部のコミュニケーション関係自身が、階級・民族・性差、そして文化資源の格差を不断に組み替えながら、権力を作動させる側面を複合的な文脈の中で捉えていく必要がある、とホネットは指摘する。生活世界が権力作用とは無縁の「真空」などではなく、近代の教育制度や近代の家父長制家族、医療・医学の制度化による身体の訓育と規律化、文化的・宗教的な異質性を基盤にした排除や差別の構造など、知と権力の布置の連続的な再生産過程の主要な領域であったとみるべきなのだ。ホネットがフーコーに依拠するのもこの点である。

『監獄の誕生』のなかでフーコーは、周知のように、権力をたんに国家や司法のレベルで捉えるのではなく、制度や知や言説を生み出す関係のネットワークとして包括的に定義する。その上で、ディスクールの編制を通じて組織された現存の制度や知が見かけ上の必然性にすぎないことを暴き出した。具体的には、「特定の言語行為の歴史的特異性とその出現に影響を与えている歴史的規定性を否認もしくは無視してしまう」これまでの論理学や言語学を拒否し、物とそれらが語られる対象を体系的に形成・編制する「言説編制の秩序」を主題化することで、人間の身体と精神を規格化する「規律的権力」の特異な様態を明らかにする方法がとられる。(9) ホネットは、こうした、フーコーが展開した近代の規律的権力の生産性に関わる理論は、ハーバーマスが社会の基軸的次元であると考えたコミュニケーション的了解の特異な近代的装置によって編成された新しい原理の解明なのであり、ハーバーマス理論に欠落しているコミュニケーション的行為の内部に働く権力作用を明らかにしていく上で重要な理論的貢献をなすものと考えるのである。(10)

進化論的パラダイムから文化の対抗的パラダイムへ

ホネットが指摘する第二の問題は、すでに述べてきた論点と直接に関連する。ハーバーマスは、目的合理的行為とコミュニケーション的行為の二分法に立って、一方は生産力の拡大につながる認知的・道具的合理性の学習過程、他方で妥当する規範の正統性や新しい規範の導入をめぐる実践的対決の局面をふくむコミュニケーションの学習過程という二つの歴史過程から社会発展を捉える。しかし、ピアジェの発生的認識論やコールバーグの道徳意識の発達理論にみられる個体発生レベルの議論を人類史の発展モデルに外挿したこの理論は、抽象的に人類が総体として行なう道徳的な学習の歩みという進化論的発想にとらわれ(11)、規範の正統性をめぐる諸集団間の社会闘争の過程に目を向けない。このホネットの批判はトンプソンの以下の視点とも重なる。トンプソンによれば、初期のハーバーマスはフロイトの文明化の理論に従って制度的枠組みを自我の抑圧をもたらす強制的連関として把握し、この見えざる強制からの解放という文脈で精神科医と患者との対話モデルを重要視していた。ところが、構造の自律化とそれに伴う行為主体の抑圧という問題は極度に希薄化されてしまい、認知的構造や役割構造が個体に無理なく内面化されることを前提とするピアジェやコールバーグ流の「発達モデル」に置き換えられてしまったというのである(12)。

こうした二つの問題点の指摘は、コミュニケーション的行為パラダイムのなかに権力作用とそれへの対抗的文化闘争というダイナミックなプロセスを通時的にも共時的にも位置づけ、スタティックな生活世界概念を克服するという理論的課題を提起したものと考えることができる。

このようにホネットは、生活世界の内部でコミュニケーション的行為をつうじて作動する規律的権力の問題とともに、コミュニケーションを個人間・集団間の対抗や葛藤のプロセスとみる視点を強く主張しているといえる。言い換えれば、文化の多層的なせめぎあいと言説の布置のなかで、身体をつうじた権力と知の作動、そしてそれを徐々に変化させる機構の複雑な関係を読み解いていくような視座への転換である。

言語に関するあらゆる実体論を退けて、いかにその先に社会的コミュニケーションの理論を展開していくのか。この課題の焦点である身体性と言語実践というテーマに照準して独自に考察を加えていこう。

四　言語的実践のダイナミズム

転位と侵犯の力

言語的相互作用がはらむイデオロギー作用を解明するなかで、言語と身体性の問題にいちはやく着目していたマルクス主義言語学者として、私たちはミハイル・バフチンを挙げることができる[13]。

彼は言語的実践のダイナミズムを考察するとき、言語的相互主観性の圏内に問題を封印することを決してしなかった。言語活動は、聞き入り、感じとり、受け入れながら、また他方で表現し、主張し、演じ、抵抗する、両義的存在としての身体に支えられている。言語と人間との関係は、物や他者との出会いの場に生じる驚きと、その驚きを表現しようとする表出の身体的欲望や、あるいはつねに抑圧され隠蔽され表現することを拒まれ続けてきた身体的欲望に媒介されているのであり、つねに社会の規則や秩序そして制度からはみだしてしまうこの身体を通じて、言語の構造によって分節化された世界自体を組み替えていくのである。「祝祭」の空間のなかで演じられる道化的な「罵倒」「パロディ」「冒瀆」など、彼がグロテスク・リアリズムと呼んだ身体的な言語実践は、既存の言語体系を破壊し組み替え、公式的な知性や真理の一面性を突いていくコミュニケーション行為を捉えたものだ。ハーバーマスが注目した理性による討議的な正当化のプロセスとは異なるこの言語実践のプロセスは、いわばヤコブソンが「詩的言語」の名称のもとで明らかにしようとした「言語の世界開示機能」の日常世界における展開とでもいえるものだろう。バフチンによって展開された身体と言語の相互作用がはらむラディカルな側面をより原理的に把握しようと試みたのがラカンである。

フロイトの図式によれば、無意識は、「原抑圧、つまり欲動の心的代表（表象代表）が意識のうちに受け入れられるのを拒否されるという抑圧の第一段階」をつうじて生成する。ラカンはこの抑圧の過程を、端的に「記号表現の抑圧」と考える。彼のフロイト読解によれば、無意識を支配している機制とは、シニフィアンの隠喩的／換喩的な組み合わせによって意味を絶えず変動させる心的エネルギーの可変性である。しかしこのランガージュとして構造化されている可変性は、シニフィアンとシニフィエの一義的対応を計る「クッションの綴じ目」の過程に編入される。なぜなら、「欲望の根本的対象の表現を間主観的コミュニケーションという象徴的枠組みのなかで社会化する」、他者に向けたパロールへの編入が不可避だからである。この過程をつうじて、はじめて個人は文化のシンボリックな秩序の内部、つまり「象徴界」にそのポジションを与えられ、「主体」として構造化されるのである。ラカンは、社会的に確定された記号コードの場へのこうした編入過程を隠喩的抑圧と捉え、この原抑圧の結果として人は意識と無意識とに相対的に分裂することを明らかにしたのである。(14) ところで、この「欲望（desir）を理解してもらうためにはどうしても要求（demande）をしなければならない」というプロセスは、一つの不可避的なパラドックスを含んでいる。欲望は、パロールとなることを強制されるランガージュの過程に捕らえられ、要求へと変換される。と同時に、欲望は要求によって媒介された過程から外部化するかたちで、つねに、要求に汲み尽くされることのない局所として相関的に構成されるからである。強固な結合にみえるシニフィアンとシニフィエの結合を解きほぐし、無意識をも実体的領域とはみなさないこの思考は、言語の「構造」の抑圧性に馴致できない力が交錯するプロセスを示唆する。

繰り返し指摘するならば、ラカンのこうした議論が重要なのは、シニフィアンとシニフィエとの対応の固定性を実体化して捉える見地を退けて、欲望・ランガージュ・無意識との関係性のうちにコミュニケーション的行為を定位し、その相互に規定し合う関係のなかに公式的秩序を秩序として存立させている機構そのものを侵犯するような、新たな「世界開示」の力動的なプロセスを見いだしているからである。その際、欲望は、実体としてではなく、あくまで「構造」のもつ権力を必然として引き受けつつ、他方でそれらを侵犯するような、関係論的な、戦略的なフィールドとして考えられているのだ。

『近代の哲学的ディスクルス』の「時間化された根源性哲学の凌駕」と題された章で、ハーバーマスはジャック・デリダに批判を加え、彼が「了解をめざす行為における妥当性の基盤がもっている否定のポテンシャルを認めよう」とせず、「世界創造を行なうという言語の能力を前面に立てることによって、問題解決を行なうという言語の能力を隠してしまって」いることを論難する。(15) 日常言語のなかでは分かたれることなく収斂している「世界開示と問題解決という対極的な二つの言語機能の緊張関係」が一方で芸術と文学、他方で科学と道徳と法という、それぞれに固有のディスクルスへと分化した近代においては、デリダのように哲学や道徳や法の問題を文学や批評の問題と等しいものとしてはならず、二つの領域の複雑な関係を認めることが必要だ、というのである。言い換えれば、ハーバーマスは、ラカンが基礎づけ、さらにデリダが志向した「言語の世界開示の機能」を拒否しているわけではない。しかし、そうであるなら、なおさら彼は、すでに述べてきたように、言語行為の「世界開示の革新的プロセス」と「世界内的実践という検証手続きに耐える力」をともに包括するような、「否定の力」としての言語的実践総体をトータルに把握する必要があったのだ。

闘争・抗争としてのコミュニケーション

言語の構造を徐々に変化させ、組み換える力動的なプロセスに注目してきたが、むろん私たちは、ホーネットがフーコーの権力論を参照しながら規律権力が作動していることに注意を喚起したように、言説の編制をつうじた生活世界の構成の問題を見過ごしてはならない。巨大な社会的装置として生成した情報システムが言語記号ばかりか膨大な量の映像や音声やイメージを伝達し、資本と権力による不透明な社会的介入がこれら記号の言説構成を通して身体的経験の深層にまで拡大しているからである。身体性と言語に関わる研究、とりわけラカンに代表されるポスト構造主義言語学の研究やフーコーによる身体性をめぐる権力と反権力の議論が与えたインパクトの意義を十分評価した上で、私たちは、日常の対人的なコミュニケーションのプロセスそしてメディアに媒介されたコミュニケーション過程という具体的なフィールドのなかで、記号の生産と受容・消費をめぐる権力と対抗との複雑な関係の分析を行なっていく必要がある。

ところで、こうした問題関心に響きあうかたちで、新たなコミュニケーション理論のパラダイムを構築しているのがカルチュラル・スタディーズである。ウィリアムズやホガートに代表されるイギリスの文化研究を継承しながら、アルチュセールの構造主義的マルクス主義、ラカンによる精神分析学の構造主義的読解、フーコーの権力論、そしてブルデューのハビトゥス論や再生産論といった、現代のフランスにおけるさまざまな思想潮流との知的交流のなかから生まれたカルチュラル・スタディーズの研究の焦点は、社会的なコミュニケーション過程に生成する文化権力のメカニズムの解明と、その研究実践をつうじたコミュニケーション過程への介入であるといってよい(16)。

カルチュラル・スタディーズの代表的な論者であるホールが強調するのは、個々のコミュニケーション行為者が、つねに、階級や民族や人種そしてジェンダーといった人為的な境界設定の中に立ち現われる非対称的な権力関係をともなった社会的関係に組み込まれ、それを再生産する文化的表象を介してコミュニケーション的行為を行なっていることである。行為者は、マジョリティ／マイノリティ、男性／女性、西欧／非西欧、白人／黒人といった、さまざまな文化的境界を設定するディスクール編制の内部で布置化され、差異化された存在である。この観点からするならば、コミュニケーションの主体が「対等」で「平等」な個人であると想定する、従来の「リベラル派」のコミュニケーション観が徹底的に批判されねばならない。

文化的境界が絶えず強化され、編制し直されるような複雑な文化の多層的なせめぎあいのなかでは、「何かを語りうる者」や「沈黙を強いられる者」との境界線がつくられ、「語られたこと」をめぐる合意や批判の闘争がつねに、至るところに存在する。「自由」で「平等」であることを与えられた特権的なコミュニケーションの場は一切存在しないし、支配的な文化的表象や言説行為が生産され、またそれに対抗する言説も生成する、異質な力が複雑に交錯する場あるいはプロセスとして、コミュニケーションが生成しているのだ。この複雑な対抗関係を読み解く戦略として提起されたのが、分節／接合理論（articulation theory）であり、「エンコーディング（記号化）／デコーディング（解読）」(encoding/decoding) モデルである。

〈articulation〉とは、ホール自身が述べているように、政治学者E・ラクラウとC・モッフェがグラムシのヘゲモニー概念をふまえて展開した概念である。「分節」と「接合」という、相反する契機をはらむ〈articulation〉なる概念とは何を指示するのか。ラクラウは次のように規定している。[17] 第一にそれが、社会的な諸要素を区分けすると同時に、連接する言説的実践を意味すること、第二に分節化する (to articulation) とはいま述べたように、いったんは諸要素を区分けし、かつ節合することを意味するが、それは区分けされる以前の本来的な全体性へと統合することではなく、いったん切り離された諸要素を偶然的に、あるいは一時的に統合し、さらにふたたび分離し再組織していくような、構造化の流動的なプロセスを示唆するものであること、第三に以上の諸点から示唆されるように、分節化においては、体系化され、所与のものとして実体化された「社会的なるもの」を拒否し、あくまで「社会的なるもの」が言説実践によって構築されたものであることが強調される、ということである。

ホールは、分節／接合理論（以下ではこの二つの契機を内包する概念として「節合」という訳語を当てる）

によって、現代のコミュニケーション行為者のポジション・場を構成する諸関係が、単一の要因によって構造化されるようなものではなく、一様ではない（uneven）、複合的な（conjunctural）、対立する諸々の要因の作用とその効果によって構造化された「複合的な状況」（conjuncture）へと変容していることを強調する。(18) たとえば次のような事例から考えてみよう。言説実践をとおした男性／女性の境界設定が性差にもとづく女性差別を生み出す、といわれる。「女性差別」を現在考える場合に、それはきわめて重要な局面を構成しているといって間違いない。しかし、それは重要ではあるが、一つの局面にすぎないともいえる。フェミニズムの進展が明らかにしたように、男性／女性の差異のみならず女性間の差異が問題化されていることに、そのことが例証されている。白人のフェミニズムとブラック・フェミニズムとの対立など、女性間にも、人種的、民族的、階級的、宗教的差異と対立が存在し、それぞれがさまざまに絡み合って抑圧や差別を生成する「複合的な状況」を構成しているのである。あるいは、労働者というクラスの内部にも、人種・民族やジェンダーによる差異が構造化される。このように、言説実践によって構築された社会的カテゴリー（ジェンダーであれ、民族であれ、階級であれ）がその時々の言説によって新たに分節／接合化されて「複合的な状況」を構築しているのである。だからこそ、こうした現在の状況を解明するためには、文化的境界設定による排除や抑圧を生起する言説実践をさまざまな水準や位相をともなった権力が作動する場として、歴史社会的なコンテクストのなかに位置づけて把握していく必要があるのだ。繰り返し指摘するならば、支配的言説が生産され、受容されるプロセスを、あるいはそうした言説を拒否し、対抗する者たちの言説の生産を、階級や性差や民族といった単一の要因に還元したり、それを本質主義的に理解したりすることのない理論化が重要なのである。
　こうしたホールの視点は、メディア文化の政治性を問い直すべく提起された「エンコーディング／デコーディング・モデル」のなかにも一貫してみられるものである。[19] 彼が主張したのは、マスメディアによって提示されるさまざまな記号の配列と構成が、実は、自然的・中立的な過程なのではなく、ある語の使用を排除し、選択し、異質な要素を節合する「記号化」によって、特定の表象システムを構成していく言語実践であることであった。メディアは、問題となる焦点をあらかじめ設定し、支配的な価値を固定化し、ときには組み換え、個々の行為者にとってはまず意識されないこの「選択」と「節合」の結果を不断に再生産している「言説の主体」なのであり、社会的に構築されたテクストはそれ自体が一つの文化権力として捉えうるものなのだ。ホールがこの「記号化／解読」モデルを展開するにあたって、「イデオロギーの再発見」「メディア研究において抑圧されてきた問いへの回帰」と述べたのは、まさにそれまでのメディア研究やコミュニケーション理論で見落とされてきた、メディア文化やコミュニケーション過程のなかに生起する、こうした文化権力の解明をなによりも重要視したかったからにほかならない。[20]
　以上述べてきた、節合理論や「エンコーディング／デコーディング・モデル」は、コミュニケーションのプロセスを具体的な社会的コンテクストから切り離して「送り手」「受け手」といった概念で抽象化したかたちで捉えてきたマスコミュニケーション理論や、ハーバーマスのコミュニケーション的行為の理論の限界を超えて、それ以前とは決定的に異なる地平へとコミュニケーション理論を転換させていく見通しを示している。

五　コミュニケーション理論の現代的展開に向けて

この章では、アドルノとホルクハイマーに代表されるフランクフルト学派第一世代の基本的関心を明らかにしつつ、彼らの限界を乗り越えようと精力的な研究をかさねてきたハーバーマスの理論的パラダイムの意義と問題を検討した。そしてさらに、ハーバーマスの限界をこえてコミュニケーション的パラダイムをその先へと推し進めるために、ラカンの言語と身体あるいは欲望の問題系を検討の俎上にのせる一方で、カルチュラル・スタディーズの視点に論及した。

この検討を通じて重視したのは、第一にコミュニケーション的行為のパラダイムに言説戦略的な権力分析の視角を導入することであり、第二にこのパラダイムの中に言語秩序としてある言説の構造そのものを侵犯するようなコミュニケーション的行為の力動的なプロセスを明確に位置づけていくことであった。図示すれば次頁のようになる。横軸は、コミュニケーション行為の内実をみる場合に、行為を構成する言説権力の作用と構造を重視するか、言説権力を脱構築する力学を重視するか、という説明の差である。縦軸は、コミュニケーション行為形成の諸相を身体文化的なレベルにみるか、言語テクスト的なレベルにみるか、説明の力点の差にもとづく。もちろんこの図は便宜的なものであり、相互の関連性を

コミュニケーション的行為パラダイムの分析的課題

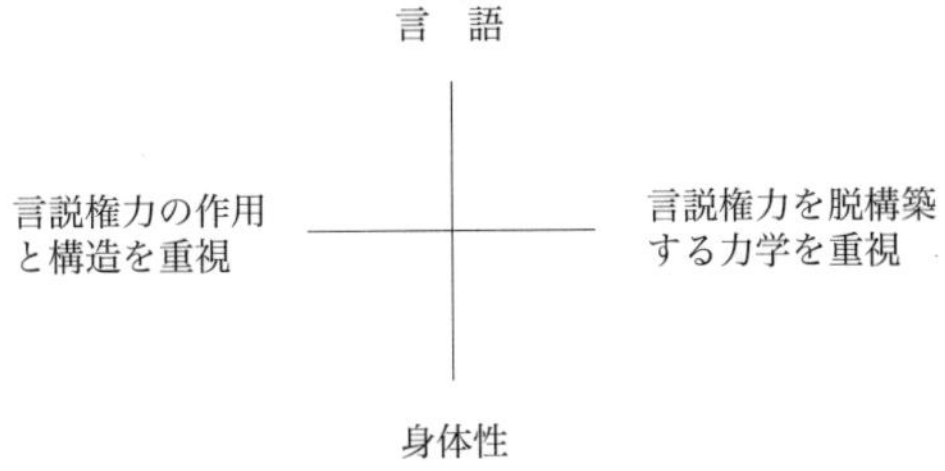

排除するものではない。了解されるように、言語の構造、言説の抑圧性を引き受けつつ、それらの作用を侵犯し、脱臼させていくような、日常的コミュニケーションの行為の両義的な身ぶりの政治性を、作品や番組の読解から、それら文化的生産物の読解や消費をつうじた集合身体的なパフォーマンスや集合的な物語の形成に至るまで、さまざまな広がりをもつものとして捉えることが必要である。そしてこうした両義的な文化の実践を明らかにしていくためには、カルチュラル・スタディーズ、デリダ、ラカン、そしてハーバーマスといった固有名を不毛な対立構図に押し込めることなく、文化政治学的アプローチを展開していくことこそが求められている。

II　メディア文化の政治性を問い直す

第二章　メディア・スタディーズにおける「階級」概念の再構築

一　なぜ、「階級」なのか

いうまでもなく「階級」は、二〇世紀全体を貫いて社会科学や文化研究の分野でもっとも熱烈に語られてきた重要なテーマの一つである。階級闘争と政治闘争との関連、階級帰属意識や労働者文化とマスメディア文化の問題など、「階級」が左翼文化人のみならず多くの研究者を駆り立て、社会学的分析の主要な系譜を形成したことは間違いないだろう。だが今日、この「階級」にかかわるテーマほど、語られず、主題とされない対象は他にないのではないか。日本社会のコンテクストに照らしてみても、「総中流意識」といわれた八〇年代以降の社会状況のもとで、「階級」という概念のリアリティはほとんど失われてしまったかにみえる。しかも、一方でそうした社会状況を前提に「階級」の消滅を声高に唱えるポスト産業主義者と、他方で八〇年代以前の「階級」概念を使い続ける左派という、不毛な対抗関係が現在まで続いてしまい、文化を批判的に分析するカテゴリーとしての「階級」はその有効性を失ってしまったかのようである。さらに、文化的権力の問題を一貫して問い続けてきたカルチュラル・スタディーズが、七〇年代から八〇年代を通じて、ジェンダーやセクシャリティ、人種、エスニシティと並ぶ最重要のカテゴリーとして階級概念を再考し、組み替え、修正してきたにもかかわらず、日本ではその意義が十分に論議されないままにすまされ、階級がジェンダーや人種といったコンセプトに続く飾り言葉のように使用されている状況がある。

よく知られているように、レイモンド・ウィリアムズ、リチャード・ホガート、そしてスチュアート・ホールが所長を務めたバーミンガム現代文化研究センター（以下、「センター」と表記）の活動にとって、階級概念はもっとも重要な分析ツールであった。だが、そのことは、階級概念や階級論的視座が、不変の、一貫したものであったということを意味するわけではけっしてない。六〇年代にウィリアムズが中心に展開した新しい文化の理論にしても、それは歴史主義的な文化研究に対する批判であると同時に、伝統的なマルクス主義の階級論的視点や文化産業論的分析に対する徹底的な批判にもとづくものであったし、七〇年代から八〇年代にかけての消費的文化を批判的に読み解くべく推し進められたアルチュセールやグラムシ、そしてラクラウの理論の奪用（appropriation）も、既存の学問的言説の布置のなかに置かれた階級概念の組み替えをともなわずにはおかないものだった。また九〇年代後半以降、階級概念はさらなる再検討の対象としてわれわれのまえに立ち現われている。

本章の主題は、この国におけるこうしたメディア文化研究の状況を念頭におきながら、ブリティッシュ・カルチュラル・スタディーズの現代文化研究のなかに占める階級、あるいは階級論的視座の再構築

・組み替えの理論的意義を再考し、その有効性を議論することにある。階級が三〇年前四〇年前の階級ではありえないように、階級概念も使い古された古典的なマルクス主義の階級概念では今日の文化的・政治的対抗関係の諸相を見きわめることなどできない。ジェンダー・アイデンティティやエスニック・アイデンティティが生物学的性差やエスニシティによって事前に決定される固定した実体ではないのと同様、労働者意識・階級意識といわれる社会的アイデンティティもまた、経済構造によって必然的に決定されるものではなく、言説による節合によって重層的に決定されるものなのだ、という彼らが獲得した認識のアクチュアリティをあらためて捉え直してみよう。さらにその視点から、七〇年代後半から九〇年代にかけて日本のマスメディアによって「階級」に関わる言説がどう編制されたか、そしてそこでいかなる主体が召喚されたかについて具体的に分析を加え、政治文化の布置の転換を考察しよう。

二　階級・人種・スタイルの政治学

ホールが「センター」の所長を務めていた一九六九年から一九七九年にかけて「センター」では、フランス構造主義、とりわけアルチュセールやバルト、さらにグラムシが取り組んだ課題に触発されながら、言語・イデオロギー・権力・階級に関する理論的再検討が精力的に行なわれ、彼らの観点をより深めていく作業が進められていった。その成果は、ホールとジェファーソンの共編著『儀礼を通した抵抗』

(一九七六年)やホール、ホブソン、ロー、ウィリスが編集した『カルチャー・メディア・ランゲージ』(一九八〇年)にまとめられることになるが、これら理論的探求と平行して進められた実証的な研究成果の一つがD・ヘブディジの『サブカルチャー』(一九七九年)である。それは、カルチュラル・スタディーズ全体にとっても、一つの転換をなす画期的な研究であったといえる。

ヘブディジは、六〇年代から七〇年代にかけてのイギリス社会の社会経済的な変動のもとで労働者階級の若者の文化がテディボーイ、モッズ、スキンヘッド、そしてパンクへと変化していくプロセスを丹念に跡づけながら、一方では黒人文化と白人下層階級の文化との接触、他方では労働者階級の親世代と若者との対立を軸に、若者のスタイルにこめられた公式文化に対する対抗性を読み解いていった。とりあえずはこの著作をそう位置づけることができるだろう。それはまた、イギリス社会のなかで独自の確固とした文化として生き続けてきた労働者文化がマスメディアの文化によって浸食されていく様子を描いたホガートの『読み書き能力の効用』(一九五八年)、さらに六〇年代から七〇年代にかけて急速に進行した産業構造の変化や西インド諸島やパキスタンからの移民労働者の増加のなかで伝統的な労働者階級の地域コミュニティが解体していくプロセスを分析したフィル・コーエンの『サブカルチャーの対立と労働者階級のコミュニティ』(一九七二年)、さらに上記の『儀礼を通した抵抗』やポール・ウィリスの『ハマータウンの野郎ども』(一九七七年)などに代表されるバーミンガムの「労働者階級の文化とサブカルチャー」研究の系譜につながる研究としてヘブディジの仕事を位置づけることもできる。しかしながら、本章のテーマから見た場合により注目されるのは、この研究がフランスの構造主義的マルクス主義、記号論、テルケル派(1)(Tel Quel group)などの批判的摂取を通じた、従来の階級論的視座の乗り越えの一つの「到達点」として、他のどの著作よりもはるかに深い内容を内包していることである。

一九五〇年代、黒人のゴスペルとブルースが白人のカントリー・アンド・ウェスタンと合体して生まれたロックンロールがアメリカからイギリスに移植されて以降、黒人の文化から影響を受けながらさまざまな形態のサブカルチャーが生み出されていく。たとえば、黒人のリズム・アンド・ブルースと貴族的なエドワード朝スタイルを盗用したテディボーイ(髪型はリーゼント、襟だけがベルベット地のジャケットを着た若者のスタイル)といわれる一群の労働者階級の若者がいる。彼らは、「まともな労働者階級から除外され、自分の性格も原因して離脱し、たいていの場合一生熟練を必要としない労働にしかつけない」者たちであり、「学校や仕事や家庭の退屈な日常生活の一切」から逃れるために、「不法な犯罪性を求める焦点」としてロックを受容していった(2)。

しかし彼らは、ロックという音楽形態がもつ黒人性と白人性の微妙な対話を理解していたわけではなく、五〇年代末新たに到着した有色移民に敵対し、西インド諸島出身者に対するいわれのない襲撃にしばしば参加する者たちでもあった。ところがその後、労働者階級の居住地に生まれた移民社会と白人のグループとの間に「ある種の親密さ」が存在するようになると、黒人たちのスタイルに積極的に反応し、彼らのスタイルを真似ようとするモッズが登場する。「典型的な下層階級のめかし屋」で、外見はソフトでこざっぱりした彼らのスタイルは、「反抗的とまでいえるほど印象の強いテディボーイ」とは異なっていた。だが、彼らは、学校や職場からの帰途に「地下のクラブや、ディスコ、ブティック、レコード店」など、「普通の世界の下にかくれた、これらと対照的な地下の世界」に出入りし、規則を自分の目的に合わせて改編し、自分だけのコードと技術と言葉をつくりだすことができると彼らがみなす黒人から「霊感的な刺激」を受けて、「地下の世界」で時間を過ごしていた。(3)「拘束の中の自由」の手本として、黒人を「聖者」「放浪者」とみなすサブカルチャーの神話に添いながら、彼らは白人の労働者文化と黒人文化の相互越境を試みたのである。そしてこのグループの一部からスキンヘッズが登場する。「伝統的な労働者階級の社会がもっていた昔ながらの関心事、強いテリトリー意識、タフな外見、ユーモアに欠けたきびしい男っぽさ、という幾分神話めいたイメージの上に、西インド諸島出身者の社会から取り入れた要素を重ね合わせた」スキンヘッズは、ヘブディジによれば、「切れた過去を連続させ、労働者階級の傷ついた姿を元の形に回復し、またそれほど明瞭ではないが、この伝統社会の構造をはるかに深いところで脅かす変化（中産階級化、無階級社会の神話、大家族の崩壊、共同生活の場が減り個人の場が拡大されたこと、スラムの近代化）に抵抗していた」(4)のであり、伝統的な白人のスラムと現在の経験との緊張関係を西インド諸島の黒人文化を再発見し、媒介にすることによって解決しようとしたのである。

このようにヘブディジは、六〇年代から七〇年代にかけてイギリス社会で生じた移民の急増による労働市場の変化、生産現場におけるオートメーション化による熟練労働の意義の低下、労働者居住地域の近代化といった種々の構造的な変化のなかで、労働者階級の階級的アイデンティティが、親の文化と若者の間での葛藤や対立とともに、黒人文化との接触・対抗・折衝をつうじて変容し、さまざまなサブカルチャーが生み出されていく過程を示したのである。ところで、このようなヘブディジの研究で示された、人種やエスニシティや世代、さらに細分化した階級内部の異質性の交叉から生成する文化的実践・スタイルが公式文化に対抗する社会的アイデンティティを作り上げているとする記述の方法が、従来の理論的パースペクティブを二つの点で大きく転換するものであったことは十分留意されてよい。第一にヘブディジ自身が強調しているように、その理論的な視角は、若者文化には階級性がまったくないと考え、両者を切り離して分析する、従来の文化研究を拒否して、コーエンによって示唆されたようなイデオロギー、経済、文化の各要素がサブカルチャーに及ぼす完全な相互作用を重視するものであった。(5) 第二に、そのこと以上に重要なのは、ヘブディジが指摘する階級性の考慮が、階級を外部からの抽象的な決定事項として設定し、歴史を貫く絶対的真実の担い手として本質主義的に労働者階級を理解することを意味するものではないことである。サブカルチャーの個々の事例が示しているのは、学校・家庭・仕事・マスコミなどにおける階級や人種上の特定の対立状況、そしてそれら特殊な問題と矛盾に対する彼らなりの「解決」なのであり、実際に階級性なるものが特定の状況の下でいかに機能しているのか、その具体的な姿を読み解いていくことが必要とされたのである。特定のスタイルの構成と表出にこめられた文化的実践は、つねにその時々のヘゲモニーとの折衝的実践なのであり、階級的アイデンティティとはこの実践から結晶化する一時的な結節点として把握されねばならない。『サブカルチャー』は、階級と人種という二重の境界を越境しつつヘゲモニーとの対抗関係の中で立ち現われるアイデンティティの編制に照準することで、経済構造や階級構造の最終的な審級性という神話を破棄し、階級的アイデンティティについてそれが経済構造との固定的対応関係をもつとする旧来の発想を退けたのである。

ヘブディジの研究方法のなかで、その後のカルチュラル・スタディーズの多くの研究に引き継がれていったいま一つの重要な点は、労働者階級の若者のサブカルチャーに示された、異質なものを借用し組み替えながらみずからのスタイルを創り出す能動的な文化実践に対する鋭敏なまなざしである。国家のイデオロギー装置としての家族・教育・マスコミや各文化機関の強化、とりわけ「文化とイデオロギーの領域を植民地化する」マスコミの影響力の拡大のなかにあっても、階級や性別や人種にまつわる定型化された表象やスタイルの必然性と自然性に対する挑戦が、はっきりと彼らの文化的実践に示されている。親文化が作り上げてきた順応や反抗の形式と彼ら自身の結合力のより強い特殊な形式とをスタイルのレベルで「合成」する能動性、このスタイルの政治性・戦略性の強調こそ、フランクフルト学派の文化産業論やアルチュセールのイデオロギー装置の議論に対する、彼ら独自の視点なのである。

このような、社会的行為者の生産関係に占めるポジションとその他のさまざまな領域——政治的活動、消費活動、宗教活動など——における行為者のポジションとの同一性が消滅してしまい、人々の社会的アイデンティティの凝集性がますます複数の多様な文化のせめぎあいのプロセスのなかで成立すると位置づける「センター」の理論的スタンスは、七〇年代に精力的に行なわれた構造主義言語学やアルチュセールのイデオロギー論やグラムシのヘゲモニー論の実践的かつ批判的摂取を媒介にしてはじめて可能となった。

三　言説権力による主体の審問

アルチュセールに代表される構造主義的マルクス主義がイギリスに導入される過程で大きな論争が巻き起こったことについては、すでによく知られているとおりである。労働者階級の「生きられた経験」を重視し、彼らの文化の対抗文化的性格を描いたウィリアムズやホガートにみられるカルチュラリズムにとって、アルチュセールのイデオロギー論はあまりに抽象的で、歴史と個々の具体的な経験を捨象した理論主義に陥っていると考えられたのである。アルチュセール、バルトといったフランス思想を積極的に紹介し援用したホールにしても、アルチュセールに対する評価はアンビバレントなものである(6)。しかし、従来のイデオロギー概念に対するアルチュセールの再解釈は決定的であった。まずその問題にふれておく必要がある。

『イデオロギーと国家のイデオロギー装置』の「イデオロギーについて」と題された論文の冒頭でアルチュセールは、「イデオロギーについての最初であり、かつ図式的な素描を提示する危険を冒してみるつもりである(7)」と述べて、イデオロギー一般の理論の基礎づけを標榜する二つの定式化を行なった。周知のように、「イデオロギーは諸個人が彼らの存在の現実的諸条件に対してもつ想像上の関係の表象である」、さらに「イデオロギーは物質的な存在をもつ」という二つのテーゼである。なぜこの二つのテーゼが画期的な意味をもちえたのか。それは、この簡潔な定式によってアルチュセールが、これまでのマルクス主義者が考えていた、イデオロギーとは想像上のでっちあげであり、無意味で、空虚なたんなる夢、虚偽意識にすぎない、とする虚偽意識アプローチからの離脱を決定づけたからである。言い換えれば、イデオロギーは諸個人が彼らの存在の現実的諸条件に対してもつ想像上の関係の表象であると述べることで、人々が社会を認識し、解釈することを可能とし、またみずからの社会的関係における経験を了解可能とする実践的知識・表象としてイデオロギーを位置づけ、その具体的な機能を探求する分析領野を切り拓いたからである。具体的にいえば、人々が社会について考え、みずからについて考える際に準拠する思考のなかに、いかにイデオロギーが内面化され、慣習行為のなかに具体化されていくのか、というこれまで完全に無視されてきた問いの次元を切り拓くものであった。イデオロギー的言説による主体の審問・呼びかけ（interpellation）の問題である。「われわれは、主体というカテゴリーはあらゆるイデオロギーにとって構成的であると主張する。しかるに、同時にかつただちに、われわれはあらゆるイデオロギーが具体的諸個人を主体として『構成する』ことを機能（この機能がイデオロギーを決定している）としてもつ限りにおいてのみ、主体のカテゴリーはあらゆるイデオロギーにとって構成的なのだ、ということを付け加えておく。イデオロギーとは、その作用が存在する物質的諸形態の中での作用そのものであるならば、あらゆるイデオロギーが作用するのは、こうした二重の働きの中においてである」(8)。

イデオロギーの基本的機能が諸個人を「主体」として構成することにあるというアルチュセールの理論は、階級的アイデンティティと経済関係との単一的な照応関係の存在を否認する認識論的な第一歩をなすものであった。「イデオロギーがコモンセンスの形で日常対話の中に充満しているため、イデオロギーを〈政治的意見〉だとか〈偏見〉として、日常生活から締め出すことはできない」[9]とのヘブディジの指摘には、当時のカルチュラル・スタディーズに対するアルチュセールのイデオロギー論の影響がはっきり窺われる。ヘブディジ、そしてホールはじめ「センター」のメンバーは、この認識を基盤に、階級的アイデンティティをマクロな経済構造から演繹的に導き出すのではなく、むしろアイデンティティをさまざまな文化的実践の中から構成されるものとして捉えなおしていったのである。だが他方、アルチュセールの理論は、多くの論者から指摘されたように、学校・家族・宗教といった国家のイデオロギー装置による重層的な審問の審級を図式的に提示するのみで、イデオロギーを構成している審問の諸構造、その諸構造間のズレ・矛盾、そしてそのズレから生成するヘゲモニー闘争の問題を見逃してしまうといった限界をもっていた。この審問の諸構造とその矛盾を徹底的に問題化し、階級がそれ自体、固定的かつ特定の階級に帰属されたイデオロギーの主体であるという命題をより厳密に反証したのが、エルネスト・ラクラウである。ホールが繰り返し指摘しているように、七九年の労働党政権からサッチャー政権への権力移行の時期に生じた政治文化の転換を緻密に分析する可能性を大きく開くものとして、このラクラウの言説の節合理論、そこから導き出されたグラムシの再読はじつに重要な意味をもつことになる。[10]前章で節合理論について論及したわけだが、あらためてこの概念の意義について考察を加えておこう。

四　言説の節合理論

ラクラウは『資本主義・ファシズム・ポピュリズム』（一九七七年）の中で、アルチュセールによって切り拓かれたイデオロギーの還元主義的説明図式の解体をより徹底していく。そのなかで彼は、N・プーランツァスによるファシズムのイデオロギー分析の不十分性を指摘する一方で、「個別的に把握されたイデオロギー的諸要素は、必然的な階級的内包をもつものではなく、またこの内包はただ具体的なイデオロギー的言説において、これらの諸要素を節合（articulation）させた結果にすぎない[11]」との見解を提示する。たとえば、権威主義、人種差別主義、民主主義といった特定のイデオロギー的諸要素が、ある特定の階級に排他的に帰属すると想定することなどできない。そうではなく、互いに共存しているさまざまな種差（政治的見解、宗教的見解、教育上の見解、人種上の見解、経済的見解）がその時々の状況の中で節合され、比較的に統一されたイデオロギー的言説を構成していくなかで（この場合の統一性とは論理的一貫性と解すべきではなく、大幅な非論理的一貫性とも両立しうる）、ヘゲモニックな権力が造形される、そうした過程が問われねばならないというのである。この観点からラクラウは、「生産様式という抽象レベルで理解できる階級敵対」と「具体的な社会構成体レベルでようやく理解できる敵対」という二種類の敵対関係の区別を提示し、それに対応して行為者の階級としての審問がなされる「階級的審問（class interpellation）」と「人民・民主主義的審問（popular democratic interpellation）」という二つの審問の形式を提案する。つまり、この二つの審級を設定することによってラクラウは、階級還元的な一元的闘争パラダイムを乗り越え、敵対し合う諸階級が明確には階級的内容をもたないイデオロギー的諸要素を自己の階級的言説に節合することによってより広範な合意を獲得することをめざす多元的な闘争としてイデオロギー闘争を位置づけようとしたのである。ただし、彼は、この段階では、「あらゆる矛盾が階級矛盾なのではない」とのテーゼに続けて「あらゆる矛盾は階級闘争によって重層決定される」と述べて、階級の最終的審級性を承認していた。それが克服されたのは、「ポピュリズム的切断と言説(12)」と題された論文以降である。

そこでは、言説実践を「社会的な意味の産出の諸現象の総体」として理解した上で、社会的諸レベルの連関は言説的実践の節合の観点から把握されねばならないこと、社会的諸主体は先験的な主体ではなく、言説の中で、言説をつうじて構成されることが一層明確化されていく。つまり、階級的敵対といえども、言説の外に由来すると考えられた生産諸関係のなかにあらかじめ刻み込められているわけではなく、諸言説実践の対立・抗争・効果にもとづいて構築されるのであり、そしてそうであるかぎり「最終審級における決定」の観念は維持されないというのである。この主張は二つの点で見過ごすことができない。一つは、利害を異とする職種や階層あるいは性別や人種上の差異を生成するヘゲモニックな言説の編制をつうじて、同一の階級の内部にすら対立や抗争が生成する可能性が存在することが示唆されたことである。そして第二に、そうした社会の敵対性の生成点が増殖し、複合的なものとなるなかで、グラムシが前提とした「あらかじめ構成された主体」としての階級がヘゲモニー主体たりうるわけではなく、個別化し、細分化した個々の異なる論点をめぐる言説の節合実践をつうじて、そのつど社会的主体が構築される、そうしたプロセスとしてヘゲモニー闘争の問題を捉え直す必要がある、という卓越した認識が提示されたことである。

こうしたラクラウの立論は、ホールが指摘するように[13]、ヘブディジの研究が示唆していた七〇年代における「センター」の階級論的視座の修正を、より徹底して進める契機となった。つまり、固定的なイデオロギーの意味と階級に帰属されたイデオロギーという概念を転換し、特定の歴史的状況の中で、特定の表象システムが大衆を組織し、みずからの位置についての意識を獲得させ、闘うための場をも、あるいは従属化していく場をも、創り出すダイナミックなプロセスを具体的に分析することへの動きである。実際、カルチュラル・スタディーズは、このラクラウの言説節合の理論の徹底的な吸収をつうじて、ホールが「権威主義的ポピュリズム」と呼ぶサッチャーリズム下のイデオロギー分析に具体的に取り組むことになる。ホールによれば、それは、国家・家族・国民の義務・権威についての伝統的なトーリー的見地と、自己の利害の重視・競争的個人主義の奨励・反福祉国家的政策というネオ・リベラリズムの主張との節合によって、従来では考えられない規模で労働党支持基盤の奪回をもたらしたのである[14]。

このような、複数の文化的・政治的言説の対抗関係とそれら言説の節合のプロセスのもとで主体のポジジョンが設定され、社会的諸主体のアイデンティティが形成される現代の状況。こうした複合的状況(conjuncture)を批判的に読み解こうとするならば、ホールの次のような指摘をわれわれはけっして見逃すことができない。

同一のプロセス——資本主義的生産と交換——は、異なる表象のシステムを用いることで、さまざまなイデオロギー的枠組みにおいて表現されうる。「市場」の言説、「生産」の言説、「循環」の言説、これらはそれぞれシステムの異なった定義を作り出す。そしてそれぞれの言説はまた、われわれを異なったやり方で、つまりは労働者、資本家、賃金労働者、生産者、消費者等々として位置づけもする。こうして、それぞれの言説は、プロセスに対するなんらかの関係において、社会的行為者、もしくは社会集団のメンバーとしてわれわれを位置づける。そしてこれらの言説は、ある社会的なアイデンティティをわれわれに前もって割り当てるのだ。……資本主義のプロセスの内部でみずからの存在条件を「消費者」(というカテゴリー)に関わらせる労働者——彼・彼女はいわばこの通路をつうじてシステムに入るのだ——は、「熟練労働者」としてシステムに組み込まれる人々や、「主婦」としてまったくシステムに組み込まれない人々とは異なる実践をつうじてこのプロセスに参加する。これらすべての組み込みが効果を持っているのであり、そしてこの効果は現実的なものである。これらの効果は物質的な差異を作り出す。なぜなら、われわれがある状況でどう行為するかは、その状況についてのわれわれの定義がいかなるものであるかに依存するからだ。(15)

七〇〜八〇年代の産業構造の転換とそれに続く高度情報化・国際化のなかで、日本社会の階級的アイデンティティはどのように変容したのか。また、そこでヘゲモニーを獲得し、新たな主体を構成したのはいかなる複合的な言説であるのか。残りの限られたスペースで、これらの問題について考えることにしたい。

五 「労働」から「消費」へ、「階級」から「民間」へ

戦後の日本社会のなかで、日常生活を輪郭づける社会的・文化的要因の一つとしての「階級」は、人々の生活意識や社会的アイデンティティの構成にどのような役割を果たしてきたのだろうか。一九五〇年代から六〇年代にかけて日本社会における労働者意識の性格を分析した尾高邦雄や日高六郎、そして間宏のすぐれた論文が明らかにしたことは、日本の労働者階級が「企業」への帰属意識とともに「組合」への帰属意識も高い「二重帰属型」を典型とするというものであった。その理由を、尾高は、日本の労使関係に今なお残されている経営家族主義的な傾向、およびこれと関連して、日本の労働組合に多い企業内的、従業員組合的性格、さらに一般に労働者といわれる人々に内在的な現実主義的、生活実利的なものの見方に求めている。とりわけ尾高は、この「現実主義的、生活実利的なものの見方」が「彼らの日々の生活体験から、彼らの汗のなかから獲得した健全な英知の表現(16)」であることを強調し、この現実主義的なものの見方が「企業かあるいは組合か、といった二者択一的な論理を退け」、今後の労使関係を構築する積極的な契機になると評価したのであった。

確認されるのは、イギリス社会の労働者階級との直接的な比較はできないとしても、七〇年代初頭まで階級的アイデンティティが人々の意識を規定する重要なファクターの一つであったという事実である。もちろん労働運動が高揚していたこの時期でも、基幹産業以外の分野では未組織の労働者が多数存

在していたこと、さらに後年、稲上毅が指摘したように、「労働者意識」や「組合意識」が「階級としての意識」に直結するものではなく、「階級意識の低迷と未成熟という重い現実」が存在していたことも、見逃すことはできない(17)。だが、間が述べているように、素朴な生活防衛闘争から出発した戦後の労働運動は、賃上げだけでなく日常生活の各方面にわたる広範な活動を展開するなかで、高い労働者意識をつくりだしていたのである(18)。

ところが、コーエンやホール、そしてヘブディジが労働者階級のアイデンティティの変容を解き明かしはじめていた、そのちょうど同じ七〇年代の時期に、日本の労働者の意識やライフ・スタイルにも大きな変容が訪れる。石川晃弘の論文(19)はその変化を、「中間層意識の肥大化現象」「若者層における組合無関心ないし組合不参加の増大」という特徴から明らかにした。そこではその原因として、労働者の所得水準の向上、厳密な意味で「自発的」とは言いがたい日本の組合の組織的性格、さらに組合の官僚主義化の進行、組合の課題を「体制変革」に直結させる左翼急進主義的な組合運動への反発など、組合固有の問題がさまざまに指摘されている。しかし問題はそこにとどまらないだろう。むしろ、これまで繰り返し強調してきたように、階級帰属といった構造的な与件があらかじめ存在していて人々のアイデンティティがそれに収斂していくのではなく、政治的・文化的・経済的な言説が交錯する場のもとでアイデンティティが生成することとなる、先進資本主義諸国に共通した経済社会・政治文化全体の構造的変化が深く問い直されねばならなかったのである。

階級、あるいはそれまでの階級的アイデンティティに代わる社会的アイデンティティの構築が一体いつ頃から始まったのか。この点を検証することがここでの目的ではない。だが、見逃せないのは、春闘史上最高の賃上げ率を記録した七四年をピークとして、その後の「スト権闘争」の敗北、民間労組主導の労働戦線統一にむけた動きとナショナル・センターの再編過程、八二年の「全民労協」の結成、そして八七年の「連合」の結成、というわずか一五年の間に急速に進行した労働運動の転換に深くかかわるかたちで、メディアがいくつかの新たな表象システムを構築したことである。その一つは、先に引用したホールの指摘に従うなら、社会的諸行為者を「労働者」としてではなく「消費者」として位置づけ、その位置から社会とみずからのポジションを認識させるような表象のシステムが構築されたことである。そしてそれは、当時の政治的コンテクストに即してみれば、公共セクターの左派系組合を中心とした労働者政治をわれわれ一般の市民・消費者とは対立する「保守的」で、「支配的な」利害集団ととらえる構図へと転換する効果をもつものであった。

その一つの例が、七〇年代後半の「スト権スト」をめぐる報道に典型的にみられた「忍の乗客、ついに怒り」(『朝日新聞』一九七五年五月一〇日付)、「無言が示す乗客の憤り」(同紙、一九七五年一一月二八日付)という「語り」のスタイルである。もちろんこの報道に事実誤認が存在するわけではなく、多くの人々が通勤・通学上の不便を強いられたことは間違いないだろう。しかし、ここでは、誰にとっても自明であり、納得できると思われる「語り」をとりながら──つまりそれこそがポピュラーであることなのだが──、ストの原因たる労使関係の基本問題(公企業職員にもスト権を認めるべきか否か)を背景化して、一部の組合員の利害と一般の人々たる利用者の利害との対立を前景化する典型的な二項対立図式で事態が描かれている。もちろん、紙面の中には、「スト権を認めるべきで、国民も我慢が必要」（同紙、一一月二八日付）とする読者の声や「スト権といった権利からもっとも遠いところにいる人たちがストでもっとも迷惑しているのだ、ということを忘れないで」（同紙、一二月一日付）といった識者の声もある。しかし紙面の多くが「私たち利用者を人質にとるような作戦」といった「怒り」の声に占められていることにみられるように、「消費者」「利用者」側の立場に立ってメディア・テクストを読解する、そうしたポジションへメディア・オーディエンスを位置づける言説編制が行なわれたのである。しかも留意すべきは、こうしたスタイルが八〇年代にのみ見られた現象ではなく、今日まで一貫しており、消費者・利用者の立場からメディア・テクストを読むことを暗に求めるディスクールが今日まで継続して編制されていることだ。労働者と利用者あるいは消費者を切断し——われわれは労働者でも利用者でも消費者でもあるにもかかわらず——、両者を「彼ら」と「われわれ」、「特殊利害」と「一般的利害」、「あちら」と「こちら」とに文化的に境界づける表象システムが継続的に編制されているのである。

もう一つ特徴的なのは、いま述べたような七〇年代末まで支配的であった公共セクターの左派系組合を中心とした労働者政治に対する信頼の低下を背景として、民間企業と労働者、そしてその主要労組の政治的・文化的正当性を広範に流布し、福祉国家的な政策全体を批判する表象システムが構築されたことである。一九七三年のオイルショック以降の低成長期をつうじて、当時「減量経営」といわれた厳しい労働条件を労働者に課して国際競争に対応できる企業体質の強化をはかることに成功した日本企業はかつてない成長をとげる。同時に銀行、証券、保険、会計、情報処理・サービス分野の拡大にみられる脱工業化、サービス産業化、情報化に見合う経済構造が急速に構築されていくことになる。このような中で、自助努力というスローガンのもと厳しい環境を生き抜いてきた民間企業労働者、さらに量的に拡大しつつあった知識・感性集約性の高い創造型の高度技術者や高度な知的労働者を中核とするホワイトカラーの専門職の利害と、福祉国家的な体制の下で「身を切るほどの痛みを感じることなく過ごしてきた」と「語られた」公務員労働者や既存のブルーカラーの利害を対立的に捉える言説がさまざまなかたちでつくられていく。そこでは、旧来の労働運動を担ってきた労働者階級こそが旧態依然たる保守派にほかならないと位置づけられたのである。このような言説実践を通じて構築された公共セクター労働者と民間労働者との対立を基盤にして、民間企業とそこに勤める新しいホワイトカラー層や知的専門職に新たな社会的位置づけを与え、彼らのアイデンティティに応える政策的言説を構成しえたのは、従来の「組合」側ではなく、「保守」側のそれであった。その象徴的な事例が「臨時行政調査会」をめぐる大量のメディア言説であった。

当時の新聞・テレビなど各種のメディアは「日本経済は幸いにして七〇年代は何とかやってこれたが、八〇年代以降本気で考えないと、二十一世紀に日本民族の文化生活を高められる保証はない」(『朝日新聞』一九八一年六月三日付)との臨調会長の発言や「国民の九〇%が中産階級と考えており、生活水準が低い時代とは福祉がちがってもいいとおもう。国民に自立・自助の精神を求めることにした」、「民間では経済事情と均衡をとって給与を決めている。公務員を削減してもなお行政の効率は上がる」(同紙、一九八一年六月二三日付)との部会長報告を肯定的に伝え、「行革これが最後のチャンス」「逃せば先進国病の仲間に」「デフレなど民間活力で克服」などに典型的にみられる資本・政府側からの言説を集中的に流布させることで、「国民的合意」の形成を積極的に進めていった。その政策的・文化的な表象システムの中心にあったのが「民間」「民間活力」「民営化」に代表される「民」である。

ここで「民」を正確に定義づけすることにほとんど意味はない。むしろ逆に、この「民」とは、一義的な定義づけを逃れることによって、さまざまなイデオロギー的構成要素を一つの支配的な政治的言説に連関づけ、さまざまな階層・階級の人々をヘゲモニックに統合することを可能にしたからである。たとえば、それは「公権力」の規制に対抗するものとしての「民」だろうか。「公権力」とも「資本の論理」とも異なる市民の行動原理の意味での「民」だろうか。あるいは利潤原理を徹底化して日本を「ジャパン・アズ・ナンバー・ワン」とまでいわしめるほどの国家にした「民間企業」の行動原理としての「民」なのか。自己の創意と努力で勝ち抜いてきた中小の自営の商店や事業を営む人々の意味での「民」だろうか。これら多様な意味を含んだ「民」の、いずれの意味が実際にヘゲモニーを発揮したかは明らかであるが、肝心なのは、この浮遊するシニフィアンとしての「民」なる語が、肥大化した福祉国家とその支持母体である旧来の労働組合に対する、ごく普通の人々とその利益を擁護する「民間企業」という構図をつくりだしながら、八三年の電電公社の民営化、八七年の国鉄分割民営化、そして同年の「民間事業者の能力を活用」して「民活による内需拡大」を目的としたリゾート法の施行にみられる、八〇年代の「下からの合意」調達過程を強力に主導したことである。しかもこの強力な表象システムは、競争原理に裏付けられた自立・自助をスローガンとする企業主義とその経済力をバックに、強いナショナリズムの心情を生み出し節合していく原動力ともなる。

七〇年代後半から九〇年代にまで至る、主体のポジションの転換に向けた資本・政治ブロック側からの働きかけを、ここで指摘した「コンシューマー」と「プライベート」という二つの支配的な表象システムの成立によってのみ跡づけることができるとみなすことはもちろん誤りだろう。社会的諸個人の「主体化」は、あくまで複数の「審問」の過程をとおして行なわれていると考えるべきだからである。だが確実にいえるのは、その過程をつうじて、それまでの左翼が自明視していた階級の対抗的性格や、支配的文化に対立する文化を創造すると期待された統一的な労働者像がその内部から解体・分解したことである。さらにいえば、現代日本社会における階級的アイデンティティの問題を考える場合に、「階級」をめぐる言説編制と解釈コードを国家的なレベルで統制・編制しているメディア・システムの存在を離れてその問題を語ることがもはやできない、そうした位相に日本社会が決定的に移行したということだろう。

六　内部分化した階級と「保証なき主体」の政治学

現在、マスメディアで喧伝される「規制緩和」「自助努力」「自己責任」をめぐる言説はなにを物語っているのだろうか。その多くは、規制緩和とは民間資本の活動領域を拡大することであり、それが結果として「消費者」の利益につながる、との構図をつくり出している。いわば、八〇年代に作られた典型的な表象システムである「消費者の利益」と「民間企業の利益」を統合した言説の布置連関が現在でも継続しているのだ。しかし、実際、規制緩和の本来の狙いはどこに求められるべきなのか。それは、「官」による規制を極力排除することであると同時に、「資本」の運動とも異なる論理を拡大することにあるはずではなかったか。だが、多くのメディアの言説は、またしても特定の「民間資本」の活動を後押しし、その「受益者」としての「消費者」の視点から事態を認識するようにわれわれに強いている。

さらにこの一〇年ほどの間に、こうした「消費者」の視点を内面化させようとする言説が繰り返し呈示される一方で、特定の「階級」に焦点を当てたメディア・テクストが構成されていることにも注目すべきだろう。九〇年代のテレビ・テクストを賑わしているのは、情報テクノロジーを駆使して駆け回る「若い男性」の姿であり、現在の高度情報社会の技術的基盤を開発・構築してきた男性知的技術者の才能を讃える映像であり、ソフト産業界で成功した国内外のベンチャー・ビジネスの創業者の独創的な才能を紹介する記事である。「フローの空間」と「タイムレス・タイム」という新しい時空の舞台で資本や情報をコントロールしながら世界的な影響力をもつに至った、とM・カステルが指摘した新たな社会的主体が、「自己決定」「自己責任」なる言説を身にまといながら社会の表象空間に前景化する一方で、彼らと他のさまざまな階級や階層の主体の間に生じた深刻な対立・葛藤の関係が表象されることはほとんどない。すでに、統一的な労働者階級など存在しない。八〇〜九〇年代を通じた社会変化が示しているのは、多様な就業形態をとる複雑に内部分化した階級・階層間の利害が、ジェンダーや人種、そして外国人労働者の問題とも複雑に結びつきながら、言説実践をつうじて不断に節合され、ヘゲモニックな統合の過程に連結されていくダイナミズムである。いかなる言説がどの階級・階層のアイデンティティと利害を保証し、どの階級の政治的アイデンティティと利害に打撃を与えているのか、メディア文化研究は新たな装いをもって立ち現われている階級の問題に鋭い視線をふりむけていく必要があるのだ。カルチュラル・スタディーズが階級還元主義的な分析方法を決定的に批判した上で、階級論に立つ統一的主体概念が解体した後の「保証なき主体」を模索していることの意義を、われわれは今こそ積極的に継承すべき時点にいる。

第三章　テレビドラマの言説とリアリティ構成
──「テクスト」と「読み」をめぐるポリティクス

一　テレビドラマのリアリティ

ここに、一九九六年に放送され話題を集めた『ロングバケーション』についての学生の感想がある。

ラブストーリーといっても重すぎないし、かといって内容が軽い訳でもない。コミカルな部分とシリアスな部分が上手に組み合わさったドラマだと思う。絶対にこんなことないだろうなぁと言う部分と、自分のまわりにも起こるかもしれないという現実的な側面が感じられたからヒットしたんだと思う。

いろんな意味で非日常だと思う。でもやっぱり「南」のような女性になりたいと心から思った。性格もプロポーションも。

現代風でオシャレ。小物から建物、モデルとピアニストの設定まで。その上、男女のあり方に現代風の手を加えてカッコよくすることで、これが恋愛の確固たるあり方だと、若者にも、根拠、よりどころとなりえたのではないか。

いま挙げた三つの発言は、一九九六年の冬、「このドラマに対する感想」というテーマで自由に記述してもらったものの一部である。似たような感想が多く集まってきたことからも、このドラマに対する代表的な意見と考えてよいだろう(1)。

興味深いのは、このありふれた発言の中にも、現代のテレビドラマのリアリティと非リアリティの錯綜した関係が精確に綴られていることである。テレビドラマがドラマであるかぎり、それは「非日常的」な世界であり、一つの「虚構」の世界である。彼らもそのことは十分に理解している。だが、彼らの発言から理解されるのは、テレビドラマの世界がもしかすると「自分のまわりにも起こるかもしれない」、リアルな世界として感受されているということだ。非リアルではあるけれどもリアルな、また逆にリアルではあるけれどもどこかしら非リアルな、絶えず反転していく錯綜した関係の中で、テレビドラマが視聴され消費されているのだ。「現代のおとぎ話」として実際には経験できないストーリーだからこそ、主人公に感情移入できるといったこれまでのシンプルな消費の形態とは異なっている。「非リアルな世界」として現実から切り離して消費しているのではなく、「自分」をその空間のなかに投影し、現実の「自分」やそのまわりの世界を理解し解釈していく参照点としてみなすことが可能な、その意味で「リアルな」世界としてテレビドラマを視聴しているのである。彼らは、家族や仲間との関係が織りなす現実世界ばかりか、テレビが創り出す情報世界の中に住んでいるといった方がいいくらいに、その「リアル」な世界に引き込まれているのである。

私たち一人ひとりの生がこうした現実と虚構の境界を曖昧にしていくテレビ・テクストとの錯綜した関係性の中で営まれ、テレビが創り出す表象が一人ひとりのアイデンティティやリアリティの感覚を深いレベルで編制しているとするならば、さまざまなイメージ、スペクタクル、言説から織りなされたテレビドラマのリアリティとはいったいどのようなリアリティとして構築され消費されているのか、そしてそれは社会や支配的文化の利害の再生産にいかなる効果を及ぼしているのか、このことを深く洞察していく必要があるのではないだろうか。

本章では、以上のような問題関心に従って、九〇年代を代表する二つの番組、『東京ラブストーリー』と『ロングバケーション』のテクスト論的分析を試みつつ、それが視聴者にいかに受容されたかを横断的に論じる。現在の私たちの生活を規定している消費社会のメディア的リアリティ全体に通底する問題を読み解いていく上で、テレビ番組、なかでもテレビドラマの生産とそのテクスチュアリティの構造、さらにその受容の過程を分析することはきわめて重要な課題であるからである。

二　女性性／男性性をめぐるメディア・ディスコース

テレビドラマの「生産」に関わるヘゲモニー

『東京ラブストーリー』『ロングバケーション』という二つの番組が若者の圧倒的な人気を博したことの背景にはなにがあるのかを考えることは、それほど困難なことではない。一つは、村松が指摘しているように、(2) 九〇年代に急増した団塊世代の第二世代にマーケット戦略の焦点を絞って、「若者向け」のテレビドラマ制作を意識的に追求した放送局の企業戦略である。激しい視聴率競争を繰り広げる夜八時以降のゴールデンタイムに放送されるテレビドラマは、各局のイメージを決定し、それぞれの放送局のエコノミーを左右するほどの、重要なジャンルである。それだけに、視聴者の欲求や願望を調査し、人気のある俳優を配置し、人気のある脚本家や原作を採用して、多くの視聴者を確保するために、各局は総力を挙げてテレビドラマを制作する。「トレンディ・ドラマ」と総称される「若者向け」の番組はそうした放送局という資本の戦略的な商品として提示されたのであり、その人気はあらかじめ予測可能であったとさえいえるだろう。だが、政治経済学的な視点から照射される企業戦略のみに、これらの番組の成功の原因を求めることはできない。むしろこれらの番組が多くの視聴者に受け入れられるにあたって重視すべきは、番組制作の文化的側面である。特に、社会が複合化し日常生活の自明性がゆらぎはじめた時代の中で、テレビドラマが、世界を意味ある秩序化された世界として日々編制し、生活世界のコンテクストを再定義するに際してもっとも力あるメディアとして機能したことが考慮されるべきだろう。たとえば、八〇年代の『金曜日の妻たちへ』(一九八三年)、『ふぞろいの林檎たち』(一九八三年)、『男女七人夏物語』(一九八六年)、『男女七人秋物語』(一九八七年)に代表されるドラマは、従来の規範からいえば、マイナスのイメージで捉えられていた不倫や若者の複雑な恋愛関係が引き起こす問題を、道徳的倫理的な水準の問題から「関係の不確定性」という社会の変化の下で生じた生き方の問題へと転換し主題化することで、視聴者がみずからの生き方のモデルとしうるような一連のドラマの原型をなすものであった。九〇年代のドラマもこうしたドラマの特性を引き継ぐことで、多くの視聴者の期待に応えようとしたのである。とりわけ、「男性は仕事、女性は家庭」「良妻賢母」といった日本社会の中で自明のことと考えられてきたジェンダーに関する価値観や役割が、実は近代化の過程で創造された文化的構成であることが広く知られることとなり、女性/男性を取りまく規範やイメージが大きく変化しはじめたことの影響は大きい。

こうした従来の性規範やジェンダーのゆらぎと連動しながら、テレビは「女性性」「男性性」を新たに描く可能性に開かれていたと同時に、積極的に新たなモデルを提示することを求められてもいたのだ。このような視点からみれば、恋愛や仕事に悩みながらも女性として自立して生きていこうとする「新しい女性像」を提示しようとした『東京ラブストーリー』『ロングバケーション』は、不確実で、不安定となった恋愛や友情や生き方についての人々の想像世界を予期し、予測しつつ、描きうるさまざまな可能性の中から特定のモデルを提示するヘゲモニックな言説実践の場であった、と位置づけることができるだろう。つまり、番組を制作するに際して、既存の支配的な観念や新しい価値観との対立、その葛藤や対立を視聴者がどう受けとめ、どうイメージしているかを送り手側が予測しながら、番組のポピュラリティを確保するために、どのように、どの程度描くのか、そうした選択と折衝の複雑なエンコーディングのプロセスであったと判断できるのである。さまざまな選択可能性の中から、特定の「女性性」「男性性」が構築されるあり方を、この二つのメディア・テクストに垣間見ることができるのではないだろうか。(3)

表象される複数の「女性性」

海外生活を終えて帰国した快活な女性「赤名リカ」が主人公の『東京ラブストーリー』と、売れない三一歳のモデル「葉山南」とピアニストとして自立できない「瀬名秀俊」を主人公にした『ロングバケーション』には、いくつかの共通した特徴がある。その一つは、主要登場人物の配置とそこに体現された価値構造とでもいうべきものの連続性である。特にそれは、対照的な性格をもつ二人の女性像にはっきりと表象されている。

『東京ラブストーリー』のヒロイン「リカ」は、仕事にも恋愛にも積極的にアタックする活動的な女性として、そしてその恋人役の「永尾完治」は、性格はやさしいが優柔不断で、口数が少なく、しかも「リカ」と同じファッションメーカーに勤めてはいるものの仕事に慣れない「半人前」の青年として登場する。この二人の主人公の脇役として登場するのが「完治」の同級生の「さとみ」と「三上健一」であるが、この二人は「リカ」と「完治」といちじるしい対照をなす存在として表象されている。「さとみ」は、何事に対してもはっきりした態度を示せず、男性に頼り、男性に従う、受動的な行動パターンの典型のような女性である。また医学部に所属し医師をめざす「三上」は、「完治」の優柔不断な性格とは異なり、強引で、積極的に女性をリードする男性として描かれている。確認すべきは、対照的な女性像として「リカ」と「さとみ」が設定され、また「完治」と「三上」も好対照をなす男性として表象されていることだ。

結婚の相手に逃げられたモデル「南」と、大学院の受験に失敗しピアノ教室のアルバイトで生活している「瀬名」がヒロイン・ヒーローとなった『ロングバケーション』の主要な登場人物もまた四人である。ここでも注目されるのは、「南」と、「瀬名」の最初の恋人「涼子」との対立的な描かれ方である。それは二人のファッションや言葉遣いにも現われている。「南」はいつもパンツ姿であるのに対して、「涼子」は典型的な「お嬢様」タイプの音大生で、いつもロングのスカートを身につけ、「男言葉」を使う「南」とは対照的だ。さらに、二人の男性の役柄も、定職をもたず、自分がこれからどう生きていくのかに悩む青年として描かれているという共通性はあるものの、「瀬名」がやさしくナイーブで、物静かな青年であるのに対して、「南」の弟の「真二」は野性的で、強引な性格の人物として設定されている。ここでもまたはっきりと二人の女性、二人の男性の間に二項対立の図式があることが了解されるだろう。

しかし、ここで注目すべきなのは、実のところ、「リカ」と「南」に代表される「女性性」の構築はそれほど単純ではないということだ。たとえば、「リカ」がアメリカへの転勤が決まりかけた場面での、

「完治が行くなと言ってくれたら、行かないよ」という「リカ」のセリフが象徴するように、「リカ」は男性をリードし積極的に行動する女性であるだけでなく、男性にしっかり捕まえていてほしいと望む、いわば「古風な」女性としても描かれている。あるいはまた「南」の場合でも、男言葉を使い、快活で饒舌な反面、本当に好きな「瀬名」の前では言葉に詰まる、これまで一般的にいわれてきた「女らしさ」の側面をもった女性としても表象されている。このアンビバレントな、女性の心の揺れの描写がこの物語のリアリティを構成する一因となっていることは容易に想像されるところだろう。快活で、行動的な、新しい女性として表象された「リカ」と「南」の女性性は、伝統的な価値や、これまでの「女らしさ」とも節合されながら、けっして一面的に構成されているわけではないのだ。

また他方で、男性に頼る、淑《しと》やかなタイプの女性として表象された「さとみ」にしても、従来の「女らしさ」を自然に発揮するようなキャラクターとしてよりも、「男性を虜にする」武器として「女らしさ」を意識的に演じる女性として視聴者に受けとめられ、反感を買っていたことも考慮されてよいだろう。この意味でも、女性性の構築は、多様な読みを可能とする形で構成されているのである。

「記号化」された恋愛イメージ

この二つの番組に共通する第二の特徴は、恋人・仲間／友人の人間関係という「極小的」な世界の中での男女の三角関係、四角関係を描いている点だ。むろん、恋愛を対象とした作品であるかぎり、ヒロイン／ヒーローの心模様を描くことに主眼が置かれることは当然ともいえる。しかし、従来の「物語」が、ヒロイン／ヒーローと家族との葛藤や軋轢、世間のまなざしに悩む主人公といったコンテクストを背景として物語化されていたことを振り返るならば（そしてそのことが視聴者のリアリティを創り出していたことを考え合わせるなら）、この家族・仕事・社会という契機を欠いた「小宇宙」の中で恋愛が物語られる構図は、十分考慮されてよい。しかも後述するように、この「小宇宙」を描くことに徹しているからこそ、多くの若い視聴者はこの番組に圧倒的な「リアリティ」を感じとっているのである。そして社会的文脈から自由なこの小空間に対して、視聴者にリアリティを感じさせる装置が、短いシーンに印象的に多用される「電話」や「気の利いた会話」や「弾けそうな笑顔」といった小道具の配置であり、それを巧みにブリコラージュする記号的な処理なのである。

さて、この「小宇宙」の中で描かれる「人間関係」の物語は、両番組ともに単純なストーリー構成から組み立てられている。つまり、恋愛でも仕事でもいまだ「一人前になっていない男性」が、互いに知り合っている二人の女性と交際し（「完治」の場合は「リカ」から「さとみ」へ、「瀬名」は「涼子」から「南」へ）、悩み傷つきながらも最後には「成長」するというプロットである。しかも、主要な登場人物である四人がそれぞれ複数の男女関係をもちながら、多少の葛藤や対立が生ずることがあっても、最終的には関係の安定性がもたらされるという特異な傾向がはっきり見てとれる。

上述したように、八〇年代から九〇年代にかけての時期は、あらゆる領域でジェンダーに関わる日常世界の自明性が少しずつ失われ、関係の不安定化が顕在化した時期であった。性規範に関してみても、セックス感覚の「自由化」が進行し、複数の異性と付き合うことが例外的な事柄ではなくなっていった。

当時のドラマの主人公の交錯した男女関係がある種のリアリティを創り出していたことの背景に、こうした事情があることは疑いえない。しかし、ドラマに描かれた複雑な関係は、男女関係がはらむ不確定性や権力性をみごとなまでに回収していく。そこでは、女性によって自己のアイデンティティや安定を失うことへの男性の恐怖など、描かれるはずもない。紫門ふみの作品や北川悦吏子の脚本に代表されるこのようなドラマの構図は、宮台が指摘するように、[4] 当時のドラマ番組に共通しており、『ラブジェネレーション』まで一貫して同じパターンを反復している。そこに描かれるのは、関係性自体の不確定性とそれがはらむ「重さ」「息苦しさ」「辛さ」などではなく、不確定な関係それ自体を「記号化」することで、「それっぽく」「それらしく」見せる卓越した技法なのである。アンケートに答えた学生の一人がこのドラマは「重くもなく」「軽くもなく」、それだからこそリアリティが感じられると発言していることは、その意味でこのドラマのリアリティの核心をついている。しかし、そうであるからこそ、九〇年代という時代を貫いて繰り返し反復され、歴史的に重層化されてきたテレビドラマのテクスト群が、文化的な商品として、われわれの恋愛や結婚や性に関わる想像の世界にかたちを与え、一人ひとりの日常を枠づけてきたことの意味をあらためて問わなければならないだろう。

「男性」の成長物語のなかのジェンダー・ポリティクス

不確定な関係の「危うさ」をオブラートに包んだドラマの中で、唯一、はっきりとした物語性をおびているのが、すでに指摘した「大人になりきれない男性」が「強い自由な自立した女性」との関係を通じて成長するという「成長」の物語性である。これが、この二つのドラマの第三の特徴をなしている。別れの数年後に「完治」と「リカ」が再会する場面での、「リカ」の「完治、大人になったね」という「語り」、また「完治」の会社の上司が「三年前のお前がこれくらい大人だったら、リカと別れることもなかったのに」と述べる「語り」は、このドラマが男性の成長の物語として位置づけられていることを端的に示している。『ロングバケーション』の場合には、このことがより一層はっきりと見てとれる。「南」の愛がピアニストとして生きることを断念しかけた「瀬名」を思いとどまらせ、人生の長い休み＝充電の時期＝ロングバケーションからピアニストとして成功の道を歩みだすまでを描いたこのドラマは、完璧なまでに「男性の成長」物語の体裁をとっている。それを額面通りに受けとるならば、このドラマを、「弱い、大人になりきれない男性」を成長させる「強い、自由な女性」を描いたドラマであるとか、現代の日本社会における「女性の自立」の高まりを「反映」し、その流れを積極的に表象するドラマであったと評価することも可能かもしれない。しかし、このメディア・ディスコースによって肯定的に構築された「自由な自立した女性」は、あくまで「男性の成長」という物語の文脈の内部で、いわば「客体」として登場していることを見落としてはならない。しかも、「自由な自立した女性」という表象自体、このドラマの中で終始一貫して構築され続けたわけではない。「リカ」と別れた後、「リカ」とは対照的な「さとみ」と結婚した「完治」の「幸せ」が描かれるのに対して、アメリカに旅立った「リカ」は半年後に音信不通となり、一人で東京に舞い戻り生活している様子が描かれる。ドラマの最終場面では、「仕事ができる、家庭を持った、男らしい男性」として「完治」が描かれる一方で、「リカ」は以前のような快活さがみじんも感じられない女性として表象される。つまり、ドラマの構成は「リカ」の「自立した女性性」を肯定的に描きながら、最終的な「幸せ」は男性である「完治」が獲得するという構図へと転換されるのだ。

『ロングバケーション』の場合には、この逆転の構図はより明白である。二人が結ばれる場面の前に、次のようなシーンが描かれている。

瀬名　三〇歳を過ぎて、男に頼って、幸せにしてもらえるなんて、考えるなよ。
南　こんなことしていたらダメだよね。自分でちゃんと生きていかなくちゃ。

また、結婚を意識したカメラマンとの別れのシーンでは、「三〇年間も一人で生きてきたんですから、後一〇年、二〇年なんてへっちゃらです」という「南」のセリフが語られている。これらの「語り」は、同じ状況に潜在的に置かれている視聴者が共感し、あるいは反発しながら受けとめてくれることを予期して、送り手側が慎重に選んだであろう「語り」であるはずだ。男性と対等に、自立して生きることへの「希望」と「苦しさ」、「南」のこのセリフに示される心の揺れは、視聴者の心の揺れと呼応するだろう。だが、これらの「語り」がなされた後の、最終的な結末は、「瀬名」のピアニストとしての成功の下で、彼に従い、アメリカにともに行く、という「ハッピーエンド」で締めくくられるのだ。「南」の男性的な仕草や言葉遣いや自立への志向とは裏腹に、「外」で働き「成功」した男性と、一切の仕事をなげうってその男性と結婚する女性、という「戦後型家族」の「物語」の図式に、このドラマ全体が収束されていくのである。したがって、これらの番組を、女性の自立を肯定する、現代のシンデレラ物語であるとして、単純に批評するわけにはいかない。そこには巧妙なかたちでジェンダー・ポリティクスの問題が忍び込んでいるのである。

これまでみてきたように、九〇年代を代表する二つの番組は、一方で「リカ」や「南」に象徴されるような、快活で自分の欲求をストレートに表現する自立した女性を「現代の女性」として肯定的に構築してきたと言えるだろう。こうしたメディア・テクストによる「新しい女性」の構築は、フェミニズムや女性学の進展による女性／男性意識の変化や女性の社会参加の高まりに連動し、また逆にこれら一連の番組が女性の自立志向の「雰囲気」や「気分」を高めていったと理解できる。しかしながら、他方で、テレビというメディアによって表象された「女性性」の構築はけっして単純なものではなく、錯綜し、矛盾をはらむディスコースによって編制されていることも明らかである。しかも、テクスト内部に表象された女性の、矛盾した、捻れた、多様な「声」が、新しい状況や局面を切り拓くものとしてよりは、現実と矛盾しないかたちで平板化されているという事実を直視すべきだろう。メディアの言説実践によって構築された「現代的な女性」は従来の男性主導社会の論理や感覚に対立したり、その論理や感覚と矛盾するものとして提示されているのではなく、むしろそれと矛盾のないかたちで節合（articulation）されうるものとして表象され続けているのである。(5)

では、視聴者は、女性として、男性として、この番組をどのように受けとめ解釈しているのだろうか。

三　テレビジョン・テクストの「読み」

多様な読解のパターンと彼女／彼たちのリアリティ

冒頭で紹介した『ロングバケーション』についての感想が示すように、この番組に対する典型的な受けとめ方の一つは、主人公へ自己を同一化しながら視聴する態度である。ある女子学生は「ドラマの中で自分をヒロインに見立ててしまうことがよくあるので、自分まですごく幸せな気持ちになった」と述べている。また別の女子学生も「ちょっとした場面場面がすごく理解できる。自分の考え、気持ち、体験を思い出してしまい、のめり込んでしまう。すごく、よい意味で、心に突き刺さる」と、その視聴体験を語っている。このような意見はけっして女子学生に限らない。ある男子学生は「日常生活でありそうでありえないストーリーだなと思いながら、自分の心の中にもあるはっきりしない気持ちをうまく描けていて、全部見ていました。ドラマで描かれているようなライフスタイルに憧れるし、とても共感する」と指摘し、別の学生は「実際の恋愛ではあんなふうにクサイ演技はしない。しかし、心の中は、主人公の感情のように揺れ動いている。だからこそ、のめり込みやすく、自分を瀬名にしたくなる」と述べている。このようなテレビと視聴者との関係を、視聴者によるテレビ・テクストの読みの過程に成立した「リアリティの第一の水準」と呼ぶことにしよう。

ところで、彼らがこのドラマ番組にリアリティを感じるもう一つ別の水準があることを、次に紹介する発言が示している。

「この手の番組の結末が、ありがちなハッピーエンドになることは、誰もが予測できること。だから、その結末までどういうシチュエーションでもっていくかがキーポイント。その場面場面が結構リアルで楽しめた」、「ストーリーのパターンには限界があるから、ちょっとした演出の違い、ちょっとしたシーンやセリフに魅せられて見てしまう」、「基本的にラブストーリーというのは結末がわかっているものですから、その結末までどうもっていくか、その過程をどう演出するか、そっちを見ています」。ここに述べられた内容は、明らかに上記のリアリティの第一水準とはかけ離れている。彼らは、主人公に心情的に同一化して視聴しているわけではないし、ストーリーの展開を楽しみにしているわけでもない。すでに数多くの番組を体験することで、彼らはドラマの展開など十分に予期しているのであって、個々のシーンの「都会的な」「現代風の」「オシャレな」記号的構成が創り出すリアルさを意識的・能動的に消費しているだけなのである。次の学生の発言は、自分の見方を対象化できている出来のいいものの一つだが、こうした彼らのリアリティ感覚が鋭く捉えられている。「瀬名と南がそれぞれの家の電話で話すシーンが一番印象的だ。『一人の部屋で受話器の向こうの誰かとつながっている』という感覚が、自分の感覚とフィードバックしてものすごくリアリティを感じた」。彼らは、すでに論じたように、手の届かない「現代のおとぎ話」ではなく、一人ひとりが生活する「日常」よりも「ほんの少しだけクラスが上の世界」、つまり現実性と虚構性が交錯する奇妙な記号空間にリアリティを感じとっているのである。われわれはこの水準を「リアリティの第二水準」と位置づけよう。

さて、以上のようなリアリティの水準に準拠しながら多くの若者が視聴しているとはいっても、こうした見方ですべてが言いつくされるわけではもちろんない。これらの番組をより醒めた、対象化した視点から解釈するオーディエンスが存在する。「女の子が勝ち気で不器用で、でも実はとっても傷つきやすい、というキャラクターの物語は、もういいという感じがする」、「主人公のやりとりは見ていてイライラします。住んでいるアパートや左ハンドルのクルマなど、『こいつらどこでそんなに稼いでいるんだ』的な、トレンディ・ドラマにありがちな演出に堪えられません」。このような発言からわかるのは、彼らが「リアリティの第二水準」に真っ向から対立する見方をしていることだ。彼らは画一的に演出された場面やキャラクターにまったくリアリティを感じない。むしろ「つまらない」「暇だったら時間つぶしで見る」程度のものでしかないのである。このような番組解釈のあり方を、右の二つの解釈と対比して、「非リアリティの第一水準」と捉えておこう。

ただここで、注目すべきは、このようなドラマ解釈がより醒めた見方であるとはいえ、前節で論じたような「女性性」「男性性」の構築のされ方やドラマの展開に隠されていたジェンダー・ポリティクスのテーマ群を批判的に解読するようなまなざしではない、という点だ。彼らは、ドラマを構成する「記号的な演出」の非リアルさを批判しているのであり、けっしてこの記号的構成を背後から支えている支配的な価値構造やイデオロギー的性格を見通しているわけではないのである。

積極的な「読み」としての「拒否」

「私はラブストーリーものは、ハッピーエンドにしてくれないと嫌いな方なので、この結末はすっきりしました。……ただ、しばらく経ってから心に引っかかったのは、結局『南』は『瀬名』に『幸せにしてもらった』のかな、ということ」（強調は本人）。この学生の発言は、これまで指摘した三つのタイプのドラマ解釈とは異質なことがわかる。彼女は、ドラマを視聴した当初は「瀬名」と一緒に「南」がアメリカに旅立つ「ハッピーエンド」を自然に受けとめた。だが、「しばらく経ってから」、「南」が「男性」に「幸せにしてもらう」という従属的な立場に立たされていることに気がついたのである。このような「読み」に共通する文章を一人の学生が記述している。彼女によれば、この番組を「ずっと好きで視ていたけれど、最後の結末は『いやだねぇ』とみんなで言い合っていたという。「瀬名の後をついていかないで、南もしっかりなにか仕事して、何年かした後にまた出会い、そして結ばれるみたいな展開があってもいい」というのである。彼らは、このドラマを拒否しているわけではない。むしろ、「リアリティの第二水準」の見方に近く、ある程度のリアリティをこのドラマに感じ、楽しみながら視聴している。しかし他方で、送り手側が受け手の期待を満足させ、受け手の共感を得られるであろうことを予測して構成したストーリーの展開や主人公の役柄をそのまま受容することから、彼らは逸脱し、ドラマのテクスト内部に編制されたヘゲモニックな文化的構成に対して別の解釈、別の読みを積極的に展開しているのだ。前節のテクスト分析で、テクスト内部に多様な言説、矛盾し錯綜した言説が存在していることを明らかにしたが、彼らはその多様な言説を媒介にして、彼女／彼なりの意味を紡ぎ出そうとしているのだ。この水準を、とりあえず「非リアリティの第二水準」と位置づけよう。

最後に、これまで述べてきたテレビドラマに対する四つの見方・解読とは異なる、もう一つの見方が存在することを指摘しなければならない。それは、積極的な「拒否」とでも捉えることができる独自の水準をなしている。次の学生の発言はその例証となっている。「終始、見え見えの展開。どこかで聞いたことのある安っぽいセリフの数々。今の若者が欲しがっている適度にオシャレで、適度にドラマチックな記号を編集しただけの製品。あまりの中身のなさに呆れました。このような番組は見ません」。このように指摘した者は彼一人ではない。少なからず、彼と同じような意見を述べるオーディエンスが存在する。第一のリアリティの水準でドラマを視聴する人たちの対極にいる彼らは、こうしたテレビドラマのリアリティを完璧に拒否し、拒否するという行為を通じてドラマとの関わりを創り出しているのである。だが、さらに興味深いことは、このように述べる彼ら自身、テレビメディアが創り出すテクストのリアリティを拒否しているからといって、メディアとは一切切り離された「現実」の中にみずからの現実感を置いているわけではない、という事実である。彼らのリアリティを考える上で、以下の記述は私たちに大きな示唆を与えている。「高校からこのような番組はまったく関心がない。こんなドラマより、格闘技のゲームのほうがずっと集中できたし、達成感があった。それに較べたらテレビドラマなんてつまらない」。

ラディカルなドラマ解釈を行なうオーディエンスは、現在のテレビドラマのリアリティに飽きたらない。しかし、だからといって、メディア全体を拒否しているわけではない。むしろ、テレビゲーム、コンピュータゲームなど、ブロードキャスティング以外のさまざまなメディアとのインタラクティブな作用が創り出すメディア・リアリティの世界に魅惑されている人たちでもあるのだ。

リアリティの多層性と政治性

われわれは、若者の間でブームを引き起こすほどの番組ならば、多くの若者によって同じように、画一的に視聴されていると錯覚してしまいがちである。だがここで示したように、同一のテレビドラマに対する視聴者の解釈や見方はけっして画一化されたものではなく、そのプロセスには多様な解釈、多様な見方が存在している。もちろん、ここで述べたリアリティ／非リアリティという側面から捉えた五つの解釈のタイプは、大学生という限定された事例からの分析であり、一般化することはできない。だが、それは、性別や世代そして有職か無職かによる違いがあるとはいえ、現代のテレビドラマに対する人々の感覚をある程度反映しているといえないだろうか。

この点を指摘した上でさらに強調しておかねばならないのは、本章の目的がこのような類型を提示することにあるわけではないということである。むしろ重要なのは次の二つの点だ。

一つは、このような多様な解釈が視聴者による「自由な」解釈を直接意味しているわけではないということだ。すでに論じたように、テレビドラマの送り手側は、現代社会の多様な価値観や規範の対立や葛藤を考慮しつつ、その対立や闘争をめぐる多様な「声」を視聴者がどのように受けとめ、それにどう対応していくかをリアルに認識しながら、番組のポピュラリティを達成するために、複雑なエンコーディングのプロセスを実践する言説の主体である。言い換えれば、受け手の「能動的な」解釈や心情的な同一化を事前に想定するなかで、ヘゲモニックなエンコーディングのプロセスを遂行する言説実践の主体にほかならないのだ。とするなら、人々が「能動的」に番組を解釈しているようにみえて、実はテレビジョン・テクストのもつ記号論的な力によって逆に視聴者の「主体性」や「能動性」が構築されてしまう、という事態が想起されるべきだろう。事実、われわれが「リアリティの第一水準」「第二水準」と位置づけたドラマ解釈は、こうした送り手側のテクスト構成の戦略に従うかたちで行なわれているといえないだろうか。したがって、問題化していかなければならないのは、視聴者の多様な解釈を「能動的」で「自由な」解釈実践であると素朴に把握することではないし、視聴の多様なパターンを析出することなどでもなく、テクストを構成する言説のコードを積極的に「読解」することを通じて編制される視聴者の主体化／従属化の複雑な絡まりあいをきめ細かく読み解いていくことだ。

第二は、こうした観点に立つならば、現在のテレビドラマのリアリティを拒否し、その虚構性を批判する視聴者もまた単純に「能動的な」「批判的な」主体として想定することはできないということである。彼らの発言は、テレビドラマが、そしてテレビが、現在のオーディエンスのリアリティを構成する一つのリアリティにすぎないことを雄弁に物語っていた。しかし、彼らのテレビジョン・リアリティに対する拒絶の感覚が、メディアのヘゲモニックな言説実践に対する抵抗を強化する方向で作用するとはかぎらない。むしろ、最後に示唆したように、インタラクティブな機能を付加されたメディア環境の重層化のなかで、彼らもまた別のメディアによって「能動的な」参与者として構築される主体なのかもしれないのである。

四　テレビのポピュラリティ——むすびにかえて

本章では、九〇年代のテレビドラマの一つの流れを確実に創り出した二つの番組が、関係の不確実性という時代の変化のなかで、「女性性」「男性性」についてそれをどう表象したのか、そのヘゲモニックな文化的実践のありようを中心的に問題化した。さらにそのテクストをオーディエンスがいかに受容し消費していったかについて論じることで、視聴者がテクストと出会う「空間」が多様な解釈やテクストの拒否をも生み出す「政治的な場」「介入の場」「交渉の場」にほかならないことを明らかにしようとしたのである。そして、この二つのテクストが単一の、一面的な、言説実践によって構成されたものではなく、テクスト内部にジェンダーやセクシャリティに関わる新しい価値意識や伝統的な考え方の対立や葛藤を巧みに節合した複雑なテクスト構成をとっていることに注目しつつ、その多面的な構成がけっして従来の男性主導社会の論理や感覚に対立したり、矛盾するものとして提示されているわけではないことを論究したのである。

かつてJ・フィスクは、テレビというメディアがもつポピュラリティが、その内部に対立や矛盾を含んだテクストを前にオーディエンスが能動的に意味を付与し、みずからの「快楽」を生成していく過程のなかにあると指摘し、テレビのポピュラリティを肯定的に把握すべきことを積極的に主張した。しかし、本章での分析からも示唆されるように、すでに視聴者の能動的な「解釈」を事前に予期したテクスト構成によって現在のテレビのポピュラリティが再生産されていることを考えるなら、受け手の能動性それ自体がどのような権力の布置のなかで構造化されているのか、その構造的な編制の場の分析へと議論を推し進めていくことがぜひとも必要なのである。(6) 衛星放送やCATVの浸透にみられるように既存のテレビが根本的な変革を余儀なくされ、グローバルな文化的ヘゲモニーの場としてテレビが再編されつつある現在、私たちはテレビジョン・カルチャーについての文化社会学的な、文化政治学的な研究をこれまで以上に推し進めていかねばならない。(7)

第四章　抗争するオーディエンス
——公共の記憶をめぐる対抗とテレビジョン

一　公共の記憶とメディア・テクノロジー

戦前のラジオ放送が果たした機能を丹念に検証した竹山昭子の研究は、私たちに多くのことを教えてくれる。一九二五年、東京・大阪・名古屋で個別に開局し、翌年二六年八月にこれら三局を合同して設立された日本放送協会によるラジオ放送は、そのわずか四カ月後の同年一二月、大正天皇の死去に直面する。生まれたばかりのラジオが「天皇の死去という重大事に遭遇した」のである。しかし、竹山は、ラジオがこの天皇の死去をはじめとして、その後の「御大葬、昭和天皇の御大礼と、打ち続く国家的行事を、時間メディアとしての機能を生かし、音だけの世界で相当な成果を上げていたことが分かる」と指摘している。(1) 一二月一六日の容態悪化が伝えられるや「直ちに当日より子供の時間娯楽演芸放送を中止し、講演のみを放送すること」となるラジオは、かねての番組時間編成の枠を取り払い、天皇の容態放送を徹底して行ない、その回数は一二月一四日から二五日までの期間に、東京放送局が一五七回、大阪放送局が八七回、名古屋放送局が一八九回にも上ったという。そして二五日天皇死去の後は、「廃朝中の十二月三〇日まで『謹慎の意を表し』て、天気予報とニュースだけとし、三一日からはニュース、天気予報の他、大喪関連の講演」を放送し続けた。

天皇死去の放送を聞いた聴取者はその時どのような感慨を抱いたのだろうか。聴取者の声を東京中央放送局の報告は次のように記している。「只今の放送を聴取いたし家内一同はラウドスピーカーの前に座し遥かに葉山の方を遙拝し、御弔詞申上げたり、正確にして迅速なる報道は誠に感謝に堪えず(2)」と。同報告書はこうした聴取者の反応を前にして「最早やラジオはたんなる娯楽慰安修養の機関のみでなく」、「其の能力を完全に発揮して『国家的報道機関』として偉力を現はすことを誰しもが知ったであろう」とも述べている。さらにいえば、「ラジオの有する大衆徹底力は、ここでも亦、爾余の報道機能と同視することのできぬものがある。と同時に、社会心理に及ぼす影響が、ラジオにおいて一層深刻なるべきことも首肯せられねばならぬ(3)」との認識を示し、「政府管掌」に固執したのはいうまでもなく放送事業の監督官庁たる逓信省であった。「重大事」に直面したラジオがみずから「国家的報道機関」としての役割を自覚したとき、少なからぬ国民がラジオを通じて、ラジオから流れる「声」を通じて、国家的出来事を体験し、自己の記憶の一部とする時代が幕を開けたのである。それは、公共の記憶が「ラジオの声」を通じてナショナルな記憶として編制される時代を迎えたことを意味する。

この章では、以下、二〇世紀の映像文化の中心を占めてきたテレビ文化を、記憶の創造のための技術という観点から考察したいと考えている。ここまで、それとは一見無関係と思われるような、初期ラジオ放送の問題にふれてきたのは、過去についてのさまざまな語りとイメージを、かつてないほどの規模で、しかも日常生活に密着したかたちで流通させているテレビジョンの機能を、公共の記憶の創造のためのテクノロジーという観点からより深く問題化していくためには、記念碑、記念建造物、教科書の編纂、そして映画、ラジオ放送の開始という、近代の国民国家の成立と一体となった記憶システムの公的な編制という長期の歴史的プロセスに、テレビジョンを位置づけ、関連づけて論じる必要があると考えたからである(4)。

とりわけ日本におけるテレビジョンの社会的な浸透と定着を考える場合、公共の記憶の編制とテレビという問題系は、決定的に重要な意味をもっている。よく知られるように、一九五三年のテレビ放送開局当時、ラジオ契約件数が一〇〇〇万件を超え、新聞の総発行部数も二〇〇〇万部を上回っているなか、NHKテレビ受信契約はわずか八六六件(受信機所有世帯)にすぎず、このテレビ受信契約が一〇〇万件を超えるにはその後五年の歳月を要した。しかし、その一年後の五九年四月一〇日の「皇太子殿下・美智子様の御成婚パレード」の中継放送直前に、テレビ受信契約は二〇〇万件を越えて、急速に普及していく。そして「御成婚」から五年後の六四年一〇月の東京オリンピック時には契約件数は一七〇〇万件を超える。この経緯が示すのは、ナショナル・イベントの放送が契機となって、テレビの日常世界への浸透が加速し、ラジオに代わってテレビが集合的記憶を編制するもっとも重要なメディアへと成長していった、という事実である。すでに指摘したように、ラジオによる国家的事業や式典の放送は、さまざまな政治的な力によって媒介されながら、公的な記憶の編制に深くかかわり、戦前の天皇・国家への統合に大きな役割を果たしたといえるが、テレビジョンもこうした一連の系譜に正確に位置づけられるべきものなのだ。

とはいえ、それ以前のラジオ放送や「ニュース映画」「記録映画」とは異なり、ドメスティクな空間に配置されたテレビジョンほど、過去の歴史についてのイメージを脱領域化し、「いま」を歴史化することに寄与したメディアは他にない。あらゆるジャンルの情報や娯楽を取り込みながら、このメディアに特有の新たなジャンルや表現形式を次々につくり出すテレビジョンは、歴史にかんしても独自の「語り」とイメージを産出し、公共の記憶をかつてない規模で共有することをわれわれに強いてきたからである。

さて、メディアと公共的な記憶とのかかわり、とりわけテレビジョンと公共的な記憶との現代的関係という問題を考察するに当たって、まずなによりも留意されるべきは次の事柄であるだろう。それは、公共の記憶の造形というプロセスが、ハーバーマスが公共圏にかんする議論で描き出したような、公共的な討論という開かれた空間を通じて生まれてくるものではなく、むしろ権力や利害関心に基づく特定の記憶や歴史像のヘゲモニックな調達のプロセスであるということだ。それは、外部の政治的組織や種々の団体の圧力、さらには「国民感情」(ノーマ・フィールド)といった目に見えない社会的圧力など、メディアをめぐる複雑な関係、さらにはテレビ局内部のいくつかの部局の対抗関係など、さまざまな社会的エージェント間の動的な闘争と交渉の過程を通じて、ときには個々の記憶のあからさまな排除や隠蔽さえもが行なわれる権力行使の過程であるとともに、他方ではそこに対抗的な記憶もまた生成する、複雑なプロセスとして捉える必要がある。

テレビジョンの歴史番組も、歴史と記憶をめぐる「政治的」過程と無縁ではない。むしろ、このメディアこそ、今日、公的に記憶されるべき事柄を編集する政治的な、支配的な場の中心に位置していると考えるべきだろう。

二　テレビジョンによる集合的記憶の編制

テレビジョンのなかの歴史

さまざまなテレビ番組のなかで、歴史番組が多いとは必ずしもいえまい。しかしながら、その判断も、歴史番組をどの範囲で考えるかで、おのずから変わってこよう。『人間講座』に代表される教育教養チャンネルのなかの正統的な歴史番組はもちろんのこと、『その時歴史が動いた』などの教養娯楽番組や、民放の『世界不思議発見』『知ってるつもり』など各国の文化や歴史を題材にした番組、さらに『北条時宗』『大岡越前』などの時代劇、そして八月六日、九日、一五日に過去の映像を編集して放送される特別番組なども歴史番組に含めるなら、テレビ番組全体に占める割合はかなりの数になる。また、ここ何年か、『映像の世紀』『ＮＨＫアーカイブス』などこれまで保存蓄積されてきた映像資料を新たな視点から編集した番組が相次いで放送されていることを考え合わせるならば、われわれが予想する以上に、歴史番組がテレビに占める割合は高いといえるかもしれない。テレビジョンは、さまざまな切り口を提示しながら、特定の歴史と過去の記憶を繰り返し再創造しているのである。

さて、ここで取り上げるのは二つの番組である。この二つの番組を取り上げるのは、両者がともに、現在の日本のメディア空間の中に表象される典型的な「歴史」像を提出しており、またなによりも第二次大戦以降の日本社会の戦後史にかかわる「公共の記憶」の編制がもつ政治的意味を先鋭に指し示していると考えられるからである。その一つが、NHKが二〇〇〇年三月から放送を開始した『プロジェクトX』である。後に指摘するように、その内容と形式からみて、一九九一年に放送され戦後の日本社会の発展の核心を高度な科学技術の開発力から描いて人気を博した『電子立国　日本の自叙伝』につながるこの番組は、中高年の視聴者のみならず学生や若者にも広くアピールし、視聴率が一六〜一八％にまで上昇、主題歌のヒットや関連本の刊行など一種のブームを引き起こし、人気番組として現在まで一〇〇回を超える放送回数を記録している。(5) 大学の講義スタイルをそのままテレビに持ち込んだ教育テレビの番組『人間講座』や、専門家と司会者とのトークを中心に組み立てられた『その時歴史が動いた』といった教養娯楽系の番組とは異なり、関係者の証言とドラマティックな映像表現、そして独特のナレーションによって、新たな歴史番組の手法を開拓したかにみえるこの番組は、戦後の日本社会をどのような時代として描き、表象しているのだろうか。

第二の分析対象は、二〇〇一年一月にNHKのETV2001シリーズ「特集・戦争をどう裁くか」の第二回目として放送された番組『問われる戦時性暴力』である。この番組をめぐっては、いくつかのメディアが取り上げ、政治的論争が引き起こされた。なぜなら、日本軍による性暴力の実態を明らかにし、日本政府の責任を糾した「女性国際戦犯法廷」（日本とアジア諸国のＮＧＯによって二〇〇〇年一二月に東京で開催）を題材に制作された番組が、放送直前に改編されたからである。この直前の改編で、なにが消され、いかなる表象が削除されたのか。この問題を考えることから、現在の、日本のメディアが「公共の記憶」として、なにを選択し、なにを排除しようとしているのか、そのことがより一層鮮明に示されることだろう。[6] 番組のテクスト論的分析とともに、視聴者の声が伝えるテクスト受容の諸相を検証しながら、放送開始五〇年を経た日本のテレビの問題を横断的に論じることにしよう。

『プロジェクトX』にみられる戦後史の表象

この番組の公式サイトに記された紹介記事には次のように書かれている。

『プロジェクトX』は、熱い情熱を抱き、使命感に燃えて、戦後の画期的な事業を実現させてきた「無名の日本人」を主人公とする「組織と群像の知られざる物語」である。今も記憶に新しいあの社会現象、人々の暮らしを劇的に変えた新製品の開発、日本人の底力を見せ付けた巨大プロジェクト。戦後、日本人は英知を駆使し、個人の力量を〝チームワーク〟という形で開花させてきた。戦後日本のエポックメイキングな出来事の舞台裏には、いったいどのような人々がいたのか。成功の裏にはどのようなドラマがあり、数々の障害はいかなる秘策で乗り越えられたのだろうか。番組では、先達者たちの「挑戦と変革の物語」を描くことで、今、再び、新たなチャレンジを迫られている二一世紀の日本人に向け「挑戦への勇気」を伝え

たいと考えている。(7)

この番組の狙いがはっきりと謳われている文章である。敗戦の後、復興に立ち上がり、高度経済成長に向けて離陸していった日本社会の歴史を、戦後の画期的な事業を実現させてきた「無名の日本人」の営みから描き出すことに番組の編成方針が設定されていることがわかる。そしてこの番組を制作する基本的な目的が、二一世紀の日本人に向け「挑戦への勇気」を伝えることにあるのだという。たしかに数々のプロジェクトを実践した無名の「日本人」が存在しており、彼らが、そして同僚だった者たちが証言する内容から組み立てられたこの番組は、一見すると、確実で、批判の余地のないような、歴史の真実を物語るものであるように思えてくる。しかし、実際のところ、そう単純に考えてよいのだろうか。

これまで放送された内容が、この紹介記事の狙いに沿うかたちでどう編集され制作されているのか、その特徴を具体的に検討することから始めよう。

二〇〇三年七月までに放送された番組の特色を形式的な側面から捉えておこう。まず第一は、テーマ化された題材の多くが一九五〇年代から八〇年代までに集中していることである。番組総本数の約三分の二がこの時期のプロジェクトに光を当てている。現在の年齢が七〇歳代の人たちにとって、この時期はもっとも仕事に集中し精力を傾けることができた三〇から五〇歳代にあたる。高年齢の視聴者にとっては自分の生きた時代を振り返るまたとない番組として視聴されているのではないだろうか。また他方で、一九七五年以降に生まれた二〇代の若者にとって、この番組は、直接の体験としては知る由もないこの時代の、しかも「無名の日本人」の苦難と勇気の歴史を知る数少ない機会を提供しているといえる。後に見るように、この時期の出来事を、「無名の」「一般の」人々の挑戦の物語を通じて知ることは、彼らに少なからぬ感慨を与えている。

第二の特徴は、その内容の多くが、新しい技術の開発にかかわった技術者の挑戦で占められていることである。すべての番組を明確な基準で分類分けすることは難しいが、高度な技能の発揮を含めた広義の意味での技術に関連した内容、事故や事件や災害時に関連した内容、医療や自然保護など市民活動に関連した内容、そしてスポーツや文化に関連した内容、という四つの領域に分けてみると、それぞれ五三本、一四本、二八本、一三本となる。伝統的な技能をもつ人々を主人公とした番組も存在するとはいえ、新制大学を卒業した若手中堅の技術者が国内外の競争に果敢に挑戦する姿を物語ることに、この番組の大きな柱がある。

第三の特徴は、ストーリー展開の単純さ、明快さ、である。新たな課題への挑戦と失敗、困難の克服、再度の挫折、そして最終的に困難を克服して成功に至る歩みが、当時の写真、再現ビデオ、関係者の証言をつうじて構成される。このドキュメンタリーの手法とドラマの手法を結合した独特の単純明快な構成が、視聴者を引き付ける魅力をなしていることは間違いない。しかしながら、より注意してみると、この単純なストーリー構成のなかに、毎回共通するかたちで、いくつかの基本的なプロットが組み込まれ、このストーリー全体が構成されていることがわかってくる。「綿密に計算された単純明快さ」とでもいえる送り手側の戦略が隠されているのである。二つの点のみを指摘しておこう。

一つは、プロジェクトのリーダーである技術者とこの主人公を信頼し見守る上司との関係、さらに主人公と彼に従う部下との関係の描写である。まず主人公と上司の関係では、つねに上司が部下の独走であれ、独創であれ、彼の行動を承認し、見守る存在として描かれる。次に主人公と部下の関係でも画一的な描かれ方に終始しているといえる。過酷な困難に直面するなか、部下は仕事に対する責任感から、誰に強制されることもなく、自分から徹夜で作業に取り組む。この自由闊達な職場環境を提供するのは、主人公である中堅の技術者なのである。つまりこの番組では、日本人の集団的特性としてたびたび語られてきた「タテ社会の論理」に裏打ちされた集団的規律の強さ、その価値意識や行動原理に組み込まれた個人、という従来の見解とは真っ向から対立する論理をことさら強調するかたちで、個人と集団の関係が表現されているのである。しかも十分に留意されるべきは、その個人の自発性や独創性、そして自己責任重視という価値が、実は「現在の」「新たなチャレンジを迫られている二一世紀の日本人」に必要な資質であり、新たな組織運営の核心であるとして、現在さまざまなかたちで喧伝されている新自由主義的な価値観と同一のものであることだ。いわば、現在の視点からの、歴史の再構成が行なわれているのである。(8)

もう一つ、送り手側の戦略は、番組のなかでほんの一瞬触れられるだけである。だが、このプロットこそ、この番組の全体の輪郭を浮かび上がらせる重要な機能を果たしている。それは、アメリカと日本、欧米と日本という対抗・対立の図式である。この構図の描写は、すでに指摘したように、ほんの一瞬触れられるだけである。とはいえ、多くの物語に一貫して採用され、この物語が個人のドラマではなく、日本人の努力と栄光のドラマであることを視聴者に強く印象づける背景をなしているのだ。

第四八回目に放送された「液晶　執念の対決」では、電気を通すと色がつく液晶の存在がアメリカで知られることとなったこと、しかしその商品化までには至っていないことが描かれる。アメリカができないことに日本が果敢に取り組み、最終的にはそれが成功する、というサクセスストーリーが形作られるのである。テクノロジーの開発で先行するアメリカ、それに追いつき追いこす日本、開発を断念するアメリカに対してそれを可能にする日本、このような構図は他の物語でも同じように繰り返される。第六四回の「逆転　田舎工場世界を制す　クオーク革命の腕時計」では、一九六九年に発売されたクオーク腕時計の開発にさいして、当初アメリカの電子時計が先行していたこと、さらに世界の時計王国スイスがこぞってクオーク時計の開発に乗り出したこと、が語られる。アメリカや欧州に対する日本という対抗図式が設定され、そのなかで物語が展開していくのである。

このような補助線は、「起死回生　アラビアの友よ」、「男たちのH－IIロケット」、「ルマンを制覇せよ」、「翼はよみがえった」、「執念が生んだ新幹線」や二〇〇三年に放送された「家電革命　トロンの衝撃」など、番組の開始当初から現在まで一貫している。そしてこの構図を戦略的に設定することで、「無名の技術者」の努力や研鑽を、欧米諸国では不可能な事柄であるとして追求されずにきた課題や困難を解決し、成功に導いた「日本人」の物語に仕立てていくのである。欧米と肩を並べるかそれを凌ぐほどの底力を発揮した「日本人」の「優秀さ」「勤勉さ」を、視聴者が自然に、無理なく、想像する（想像可能な）物語として、この番組が構成されているのである。

もちろん、そうであるからといって、この番組が偏狭なナショナリズムを煽るような番組となっている、というわけでは絶対にない。しかし、政治的なナショナリズムとは位相を異にしつつ、個々人の過去の記憶を、われわれ「日本人」全体の記憶として、つなぎ止めていくような、より深いレベルでのナショナリティの感覚がこの番組に体現されているのである。その意味で、この番組は明らかに、すでに紹介した、日本の電子技術者たちが世界に認められる技術の開発に成功したプロセスを「日本人のアイデンティティの核」「日本人の誇り」として描いた『電子立国　日本の自叙伝』を継承し発展させたものであることが理解されるだろう。(9) しかも日常生活に必須の製品の開発にかかわった「無名の技術者」にスポットを当てることで、より心情的な誇りや感動を視聴者に与えることに成功しているといえる。筆者の質問に答えてくれた若者の声はそのことを雄弁に物語っている。(10)

日本人であることを自覚させてくれる。
日本人もすごいことがわかった。
日本人技術者の頑張りがもっとも印象に残った。
すごい日本人がいた、ということで勇気づけられます。

番組は、すでに論じたように、その構成からいえば、日本、あるいは日本人という事柄を前面に出しているわけではない。しかし、彼らは、自然に、「無名の技術者」の活躍を、「日本人の活躍」、「日本人もすごいこと」と受け止め、日本人の物語としてこの番組を視聴しているのである。言い換えるなら、視聴することを通じて、みずからもまた日本人であることを強く再認するプロセスに巻き込まれていくのだ。

しかしながら他方で、次のように指摘する複数の学生たちがいたことも同時に指摘しておこう。

誰もがこの番組で取り上げた人々のように成功できるわけではないということを忘れさせ、この番組は人々を上昇気分にさせる。だが、それゆえに、現実認識を誤らせる側面もあるのではないかと思う。また日本人の成功を見せることにより、よい悪いは別にして、ある種のナショナリズムを発生させている気がする。（二〇代男性）

この発言は、番組が作られたものであり、そこには誇張があることを理解している。さらに、個々の個人の活躍が大文字の日本人の活躍として意図的に表象されていること、成功できずに終わった者の視線からする歴史もまたあること、もしかするとその歴史にこそより十全な現実認識をわれわれに迫る契機が孕まれているかもしれないことを鋭く見抜いているのだ。

公共の記憶を産出する社会文化的コンテクスト

『プロジェクトX』のなかで何が語り出されているか、その特徴的なストーリー構成と多くの物語に共通するプロットを析出してきたが、その上で確認すべきことがある。第一は、無名の人々の記憶をたどり、彼らの行為を記録し表現した歴史番組が、ドラマの手法を用いているという理由から、その内容がどの程度確かなのか（不確かなのか）わからない、と単純に非難することはできないということだ。彼らが熱い情熱を抱き困難に挑戦したことはまぎれもない事実であるだろう。彼らの記憶が確かか、不確かか、詮索することにそれほど意味があるとは思えない。しかし第二に、そのことが同時に、彼らの記憶を手がかりにして表象代表された番組のテクストが、個人的な意味でも、公共的な意味でも、過去の出来事に関しての、より十全な、真実の表象である、ということをけっして意味するものではないということも明記しておかねばなるまい。過去は、あるいは過去にかんする記憶は、もともとの形では復元不可能なものなのであり、個人的なものであれ、公共的なものであれ、さまざまな過去にかんする記憶とは、現在の社会的政治的なコンテクストと当事者のポジションによって、つねに媒介され、その媒介の過程のなかに生成するものだからである。共通の出来事を体験した者たちにとってさえも、彼らがその当時置かれたポジションの違いに応じて、さらに現在置かれた立場の違いに応じて、過去に関する記憶はさまざまに異なる相貌を呈するだろう。場合によっては、記憶を語り出すことを禁じられ、こうした過去が存在したことすら記憶の彼方に封印されてしまうことさえある、そうした政治的・社会的な文脈に布置化されていることを忘れてはならないのだ。しかも、テレビジョン番組とは、証言する人物を選択し、登場させ、語らせ、さらに番組制作上の意図に沿うかたちで証言者の声を編集する装置でもある。問題は、そこで、個人の具体的な経験が語られることによって一般化された「国民の歴史」が構成され、ある特定の経験が表象されることによって他の「記憶」「歴史」が隠蔽されるということである。

したがって、問われるべきは、記憶の産出に関与し、個人的な記憶を公共的な記憶として再編する、現在の社会的政治的な文脈とそこに作動するパワーを、テレビジョン・テクストの構成に即しながら精緻に読み解いていくことなのだ。

さて、こうした問題をより深く考究するにさいして重要な視点を提示する、もう一つの番組の考察に移ろう。すでに紹介したＮＨＫの番組『問われる戦時性暴力』である。

三　排除される記憶と歴史

社会的コミュニケーション構造の暴力性

すでに指摘したように、この番組は、二〇〇〇年一二月に東京で開催された「女性国際戦犯法廷」を取材した番組である。この法廷は、日本とアジア各国のＮＧＯが主催し、日本軍の女性に対する性暴力の実態を明らかにし、戦後、その謝罪と賠償の責任を果たしてこなかった日本政府の姿勢をあらためて問い直すことを目的としていた。他方で、ETV2001 シリーズ「特集・戦争をどう裁くか」の狙いは、ドイツやフランスで一九九〇年代以降に顕在化し、国際法上も大きな流れとなってきた「人道に対する罪」（Crimes against humanity）を大きな主題として取り上げ、ナチス政権下のユダヤ人虐殺やフランスのヴィシー政権時代のユダヤ人強制連行など、各国がそれぞれの歴史の「暗部」に正面から向き合うことではじめて、二一世紀の社会が人種、性、宗教などの違いによる差別を克服することができることを訴えることにあった。差別と抑圧を克服するために、国家、政府、そして市民がいかなる責任を果たすべきなのか、いかなる制度が新たにつくり出される必要があるのか、その具体的な方途を示すことを意図して制作されたのである。そのような制作者側の趣旨に合致するとの判断の下に、『問われる戦時性暴力』は、このシリーズの第二回として「女性国際戦犯法廷」を取り上げ、東／東南アジア地域における戦時期の日本人による「性暴力」の問題を放送したのである。しかし、関係者と協議され合意をみた最終の内容が放送直前に改竄された。なにが改竄されたのか。

「女性国際戦犯法廷」が明らかにしたのは、次のようなことである。第一は、日本軍による元「従軍慰安婦」に対する性暴力は突発的な事例ではなく、軍による組織的な犯罪であること。第二に、元「従軍慰安婦」に対する性暴力がレイシズムを伴った複合的な差別であること。第三に、この犯罪が組織的なものである限り、日本軍の最高責任者である天皇の責任は明白であって、天皇は有罪であるとの判決を下したことである。さらに法廷では、このような事態を長年にわたり放置しつづけてきた責任が、日本政府のみならず国際機関にもあることが明確に指摘された。

番組『問われる戦時性暴力』は、取材に協力し番組の解説者を務めた高橋哲哉によれば、以下で指摘するような、重要な修正がなされたという。(11) もっとも重要な修正は、「戦時下の性暴力、性奴隷制が人道に対する罪にあたる」と判断し、「日本国家と昭和天皇の責任を認定」した法廷の判断をすべて削除したことだ。番組は、日本軍という言葉すら、天皇という言葉すら、一度も語られることのないまま終わり、法廷の判断内容はおろか、判断が下されたことすらも一切伝えられなかったのである。それ以外にもさまざまな修正が施された。当初は収録され放送されるはずであった「加害兵士の証言」がすべて削除された。また、法的な実行力は持たないとはいえ、これまで十分なかたちでは聞き届けられていない日本軍の元「従軍慰安婦」の「声」を、国際法の専門家に届けて、あらためて判断を示してもらうという、法廷を開催した重要な意義についてコメントした高橋の発言も削られた。シリーズの第一回で、ドイツやフランスでも「人道に対する罪」で自国の責任者を裁いてきたことを肯定的に紹介したにもかかわらず、日本軍の犯罪にかかわる責任の所在についてはまったく語ることなく終始したのである。

それに対して、放送直前に付け加えられたのは、被告が不在（日本政府は法廷への出席を求める書簡を無視した）の民間法廷には裁く権利はないこと、一事不再理の原則に従えばこの法廷を開催すること自体に意味がない（実際には、東京国際裁判でも裁かれずにすまされた日本の植民地地域の性暴力が訴追されていることが明確であるにもかかわらず）と主張し、さらに「慰安婦」の問題には親が娘を売ったケースや同国人が斡旋したケースが多いと指摘した、法学者の「解説」であった。

この改竄問題から、私たちはなにを読み取るべきなのだろうか。それは、「天皇の戦争責任」、そして日本軍「慰安婦」といった事柄を、私たちが想起すべき過去の記憶、公共の記憶としてはふさわしくないものとして構造的に排除するコミュニケーション構造の暴力性である。

元「慰安婦」の勇気ある証言の背後には、これまで、悲惨な記憶を語り出すことを禁じ、こうした過去が存在したことすら記憶の彼方に封印してきた、ポストコロニアルな状況下における構造的な暴力が存在する。そしてその暴力によって、今日なお、みずからの記憶を語り出すことのできない数多くの犠牲者が存在する。今回の事態が知らしめたのは、こうしたなかで、ようやく「語る」ことを決意した彼女たちの「声」に聞き入り、公的な歴史の陰に隠された歴史の「襞」をたどることをふたたび拒否する、政治的・社会的な文脈にメディアが布置化され、メディア自身がそうした構造的暴力を行使したという事実だ。(12)

抗争するオーディエンス

しかし、この事態をめぐって、私たちが注視すべきは、こうした改竄を、むしろ正当な処置であったと受け止める視聴者が少なからず存在することである。そして改竄が、正当な、妥当な、処置であったと彼らが述べる理由もさまざまである。(13)

国家の争いに派生して出てきたのが慰安婦問題であり、メディアはあまり取り上げるべきではない。女性の人権として取り上げるならば、死の恐怖に晒され、戦死する兵士の人権はどうなるのか。(七〇代男性)

太平洋戦争の記憶を持ち続けている人も多い。また、天皇絶対の時代に教育を受けた層もまだ多い。いかに日本の番組が世界のメディアの注目を集めても、日本国民の感情に配慮する必要がある。局側の意図は十分評価できる。(七〇代男性)

放送直前に消された部分が相当に有って、当たり障りのない深みのない内容になったと感じた。しかし、一般の放送メディアで伝えるには致し方なかった事であると理解した。この問題を取り上げただけでもよしとしなければならないのだろう。（六〇代女性）

日本軍による組織的な性暴力は存在していない。民間法廷の判決は絶対に誤りだと思っています。ＮＨＫが、民間法廷の主催者側の主張通りに流さなかった事は正しい判断だと思います。（六〇代男性）

これらいくつかの意見からも理解されるように、慰安婦問題を取り上げること自体に不快な感情を示す人たち、取り上げることには共感を示しつつ「国民の感情に配慮する」ならば「ＮＨＫの対応は致し方なかった」と考える人たち、さらに民間法廷の判決に異議を呈してＮＨＫの改編を積極的に支持する人たちなど、一人ひとりのオーディエンスがさまざまな理由から、この問題をめぐる多様な解釈の位相、多様な解釈のグラデーションのなかに、みずからの位置を設定していることがわかる。しかもこうした多様な反応は高年層に限ったことではない。二〇代の若者にも局の対応を評価する声がある。

天皇を批判する内容をテレビで放送しないのは当たり前のことだと思う。日本国の象徴である天皇に対して有罪の判決を下した内容を許せないと思うメディアの考え方が放送の変更につながったのだと思う。自分も日本国の一国民であり、天皇を批判することは許せないと思いました。（二〇代男性）

許しがたいが仕方がないことだと思う。圧力に屈しないで欲しいとの想いはあるが、それが争いや対立の

きっかけになれば問題だし、今の日本のあり方ではとても逆らえるものではないはずだ。(二〇代男性)

テレビって家で家族と見るものだから、あまりに生々しくて、ショックを受けるような内容を変更するのは仕方がないし、今回変更したのは良かったと思う。(二〇代女性)

これらの発言をふまえながら、ここで考えてみる必要があるのは、多くのオーディエンスが「国家間の争いだから致し方ない」「兵士の人権はどうなる」「国民の感情も配慮するべきだ」「天皇批判は許せない」「今の日本のあり方では逆らえない」そして「テレビは家で家族と見るものだから」といった発話行為でなそうとしていることだ。そこで行なわれているのは、慰安婦の問題を起点として、被害者としての「戦争の記憶」を今一度問い直し、加害者としての「戦争の記憶」を想起する回路をつくりだすことではない。むしろそうした回路をふたたび抹消することが無意識のうちに行なわれているのではないだろうか。言い換えれば、この改竄が「致し方なかった」「許容できる」「支持できる」と指摘した人たちに共通しているのは、従軍慰安婦という「日本」「日本軍」による被害者の存在を直視することへの忌避の感情であり、加害者として自己規定することへの強い拒否の感情である。このような感情のもとでは、被害者はつねに不可視化されてしまうだろう。被害者が無化されたところに、加害の主体は存在しえない。

このような解釈コードに照らして見るならば、この改竄問題が示した「日本の歴史」「戦争の記憶」にかかわるメディア表象を、テレビ局が外部の圧力団体に屈して制作した、恣意的な歪曲の問題として捉えるだけではすまないことが強調されねばならない。それはたしかに、アジアの人々、日本植民地化の被害者である「他者」の排除のうえに立つ、「日本人」のナショナルな記憶への無批判的な同調という意味で「捏造」であり「歪曲」である。だが、それは一時的な突発的な「歪曲」などではけっしてなく、戦後「日本人」の多くがさまざまなメディアを介した言説の受容を通じて抱き続けてきた「戦争の記憶」に沿った「歪曲」なのである。

言い換えれば、元慰安婦の存在を排除し、彼女たちを不可視化することによってはじめて成立するところの、メディアが造形するナショナルな公共の記憶は、彼ら「無名の」オーディエンスの感覚と心情によって支えられもし、また彼らの心情と思考のあり方を再創造し、再強化してもいるのだ。

もちろん、こうした意見とは対立する見解を表明する高齢の視聴者も若年のオーディエンスもいる。

放送番組の改編内容については、基本的に削除すべきではなかったと考える。天皇の責任、日本軍の責任の論議を回避すること自体、日本の戦争に対する反省を不透明なままに放置することにつながったと思います。（六〇代男性）

日本の戦前、戦中の隣国に対する人道に対する罪は欧米程問われていません。なぜなのか。わたしは、いつもそこに関心がありました。過去を清算するには過去の罪を背負わねばなりません。ＮＨＫは率直に「歴史の暗部」も流すべきです。（五〇代女性）

自国に不利な歴史だからといって隠蔽すれば問題は永遠に解決しない。事実をしっかり伝えてほしい。（二

〇代男性）

しかし、こうした声を発することすら緊張を強いられるような、オーディエンスを取り巻く社会的・文化的コンテクストが存在することもまた確かである。番組の感想を述べてくれたある女性は、男性に感想を訊いたところ「あんなのは見たくないね」と指摘されたという。それに対して、彼女は次のように述べている。

わたしも「あんなのは見たくないね」という言葉に同感です。でも、わたしは、「現実から目をそむけてはいけないですよね、苦しいけれど」と答えました。この気持ちを日本人は曖昧にしてしまうのではと思ったからです。しかし、上記のようなことを言いますと、そうすかん、にあいそうな気がします。（六〇代女性）

ここにテレビを見ることの「政治性」、テクストを解読し、語り出すことの「政治性」が浮かび上がる。潜在化する「見る」ことの「政治性」

改竄を支持する声、批判する声、これら多様な発言からとりあえず示唆されるのは、八〇年代のメディア・スタディーズが強調したように[14]、彼らがテレビ番組を受動的に受容するオーディエンスなどではなく、「能動的な解読者」であるということだろう。さまざまな声の主体は、彼ら自身の生身の身体が置かれ、彼ら一人ひとりの経験が編まれる具体的な社会的関係から切り離された、たんなる研究の「対象」ではないし、また視聴率という数値で示されるような抽象的な存在でもない。彼らは二つの番組を見比べ、批評し、ときにはテレビと対抗もする「主体」なのである。また同時に、日常性に深くつなぎとめられたテレビと向き合いながら、彼ら自身が相互に、せめぎあい、葛藤する関係性の中で生を営んでいる主体でもある。そのことを上記の発言ははっきりと指示している。

しかし、重要なのは、そのせめぎあいや対立、発言することさえためらったり、言いよどんでしまうほどの葛藤が、筆者がいわば暴力的に彼らにインタビューや調査を行なう過程で生じたものである、という点だ。言い換えれば、日常の一部となっているテレビ視聴においては、意見の相違や対立、批評することが引き起こす葛藤はつねに潜在している。回答してくれた多くの人たちが、「主催者の製作したビデオを見なければ、番組の問題に気がつくことはなかった」(二〇代男性)、「ビデオを見てはじめて問題の深刻さ、被害を受けた女性の痛みが伝わってきた。見比べて、番組は問題をあいまいにしていることがわかった。普段だったらまったく気にとめなかっただろう」(二〇代女性)、と述べていることからもそれは十分理解できる。

オーディエンスを概念図式のなかの「対象」とみなしてきた従来のマスコミ研究を批判し、メディアをみずからが置かれた社会的コンテクストに応じて批判的に読み換えていく「能動的なオーディエンス」を提起した八〇年代の研究の重要性は疑いえない。しかし、番組を検証するという非日常の出来事が逆説的に示しているのは、複数の対立する解釈や矛盾する意見をその内部に潜在化させながら、さまざまな番組が「流れ」、何気なく見る日常の大きな枠組みのなかで、政治的なヘゲモニーが調達されていることだ。すなわち、公共の記憶をナショナルな記憶に変換していくプロセスが無理なく構造化されているのである。そこで圧倒的な力を発揮しているのは、あまりに日常の一部となっているために真剣に意識されて行なわれるわけではないテレビを見る行為と、公平と客観性のスローガンの下に本質的な対立点や論争点を曖昧化するテレビジョン特有のテクスト構成、という二つの相補的な関係性から成立する「テレビ的なリアリティ」とでもいうしかない皮膜の存在である。テレビとテレビ視聴の五〇年がつくりだした対立や葛藤を隠す分厚い皮膜を私たちはいかに切り裂くことができるのだろうか。

四　記憶のエコノミー

二つの番組の検討を通じて、現在の日本のメディアで、戦時期そして戦後の歴史がいかに表象されているか、そこでなにが押し出され、なにが隠されているか、を明らかにしてきた。『プロジェクトX』では、諸外国の技術開発に先行されつつも、個々の技術者の実践によって追いつき追いこしたことを描くことで、日本人の「優秀さ」や、変革に立ち向かう日本人の「底力」が強調された。そこに出てくるのは、いわば模範的な日本人の「優秀な技術者」や「叩き上げの社長」の話であり、そこで「よき国民」「よき日本人」が表象代表され、日本の戦後が辛く厳しい時代ではあったとはいえ、「よき時代であった」

と位置づけ直すことが行なわれている。『電子立国　日本の自叙伝』が放送された一九九一年を起点とするなら、九〇年代を通じて一貫して、「日本人の誇り」を回復するという観点から、歴史の解読が試みられているのである。すでに指摘した単行本『プロジェクトX　リーダーたちの言葉』では、このことが番組以上に強調されているようだ。「思いは、かなう。これが日本人の底力だ」と。

同時期に放送された『問われる戦時性暴力』は、公的な記憶を編制する技術の権力性を、記憶のエコノミーにおける暴力的なまでの不均衡を、あからさまに指し示している。ポストコロニアルの問題系が提起され、植民地化した側の歴史認識と記憶のありようが根本的に問われているにもかかわらず、そこでは、「弱者」の歴史、「犠牲者」の歴史を、私たちが想起すべき記憶、想起すべき出来事ではないものとして、私たちには関係のない事柄として、われわれの関心の埒外へと排除する、組織的暴力が渦巻いている。

繰り返し強調するならば、そこで生じている問題は、一方では『プロジェクトX』に代表されるような、戦後日本社会の歴史を肯定的に記憶することを強いる表象や言説がさまざまな形をとって肥大化することと平行して、他方では私たちが想起すべき過去の記憶としてはふさわしくないと判断された（一体誰が判断したのか）ものの選別と排除を不可視のうちに強化する力がメディア空間の内部で顕在化していることである。しかもそれは、現在の日本社会が抱える社会的コミュニケーション構造の暴力性と深く関わり、現代日本のナショナリズムの、感情的・感覚的な貯水地として、きわめて重要な機能を果たしはじめているのだ。

一九五八年の『思想』一一月号の特集「マスメディアとしてのテレビジョン」のなかで「テレビジョンと娯楽」という論考を書いた加藤秀俊は、日常性に立脚しているがゆえの、テレビジョンの問題性と可能性の両面を次のように認識していた。つまり一方は、マスメディアでありながら、同時に疑似パーソナル・コミュニケーションとして作用するテレビジョンが、強制ではなく同意と同調による全体主義を、「天下泰平」の状況のまま、帰結する方向である。他方で、彼はそれとはぜんぜん違う方向に発展していく可能性も示唆する。それを「ドキュメントへの関心」と彼は呼んでいる(15)。この「ドキュメントへの関心」というコンセプトによって、彼は、「日常性」の原理に深くかかわるメディアであるからこそ、テレビは理路整然とした秩序からはみ出てしまうリアルな生や生活のさまざまなノイズを捉えることを通じて、新たな文化の生産の回路を創造する営みをイメージしていたのではないか。そこに彼は、ラジオとも、映画とも違う、テレビの未来を展望したのではないだろうか。この展望をもう一度取り戻すためには、テレビ自身がつくりあげた分厚い人工の皮膜を切り裂くプロジェクトが、制作のプロセスでも、視聴のプロセスにおいても、そしてメディア研究においても求められている。

〈補記〉

二〇〇五年一月一三日、NHK番組制作局教育番組センターのチーフ・プロデューサーが、本章で取り上げた番組「特集・戦争をどう裁くか」の第二回目放送分『問われる戦時性暴力』の放送について、「放送現場への政治介入があった」ことを告発した。この会見以降、NHK側と朝日新聞との間で、政治介入があったかどうかをめぐって対立が続いている。ＮＨＫ側は、朝日新聞の報道に対して「捏造」と批判、朝日新聞側も「取材を重ね、報道内容には自信がある」としてＮＨＫを批判している。さらに、いくつかの週刊誌では、問題を、ＮＨＫと朝日新聞との「泥試合」に矮小化する記事を掲載している。

しかし、ＮＨＫ側からの事前の説明に対して元官房副長官が「公平中立な報道を求めた」と発言したこと自体が、「放送現場への政治介入」であることを鋭く指摘する言論が一部の論評を除いてほとんどみられない。ＮＨＫの報道機関としての存在意義そのものが問われているだけでなく、日本のマスメディア全体のジャーナリズム機能が問われている。

（二〇〇五年一月記）

第五章　規律化した身体の誘惑

――『オリンピア』をめぐる人種・ジェンダーの問題系

規律・訓練的な権力体制のなかでは、処罰の技法は、罪の償いをも、さらには、正確には抑圧をも目ざすわけではない。その技法では、以下のはっきり異なる五つの操作が用いられる。人々の個別的な行動・成績・行状を或る総体へ、つまり比較の領域でもあり区分の空間でもあり拠るべき規則原理でもある或る総体へ指示関連させること。個々人を相互の比較において、そうした全般的な規則との関連において差異化すること――その規則を、最小限の出発点として、もしくは尊重すべき平均として、または接近が必要な最適条件として機能させなければならない。個々人の能力・水準・《性質》を量として測定し価値として階層秩序化すること。その《価値中心の》尺度をとおして、実現しなければならぬ適合性にふくまれる束縛が働くようにすること。最後に、すべての差異との関連での差異を、規格外のもの……についての外的な境界を定める限界を描き出すこと。(M・フーコー/田村俶訳『監獄の誕生』新潮社、一八六頁)

二〇〇三年九月八日、レニ・リーフェンシュタールが死去した。前の月に一〇一歳の誕生日を迎えたばかりの突然の死去だった。日本の主要各紙も「レニ・リーフェンシュタールが死去、『オリンピア』

の監督」といった見出しで彼女の死を伝え、二〇世紀の複製技術時代における芸術、とりわけ二〇世紀の映画を語る場合に欠かすことのできない人物として彼女の死を取り上げた。その中には、一九二〇年代から三〇年代にかけてのドイツのナチズム期の文化研究を精力的に進めてきた平井正の記事を掲載し、リーフェンシュタールの映画の今日的な意味、芸術と政治との関係を問いかける内容のものもみられた。しかし、リーフェンシュタールの芸術や美の造形そのものに批判的なまなざしを向ける平井の文章は例外として、その他多くの関連記事は、ナチのプロパガンダに貢献した監督であるとはいえ、彼女の映画が構成した映像美は賞賛に値する、というものがほとんどであった。たしかに、彼女の映画には抗しがたい魅力が溢れている。しかし、ナチズム期の彼女の判断は誤りであったが、その作品は正当に評価されるべきだ、といった単純な評価でよいのだろうか。いま私たちが布置されている現代の文化空間を批判的に捉え直すためにも、こうした典型的な言説のありようを疑ってみる必要があるのでないか。

一　ベルリン・オリンピックと『オリンピア』

はじめてのメディア・オリンピック

一九三六年に行なわれた第一一回オリンピック夏季大会のベルリン開催が決定したのは一九三一年である。第一次世界大戦後、国際的なスポーツ大会から閉め出されていたドイツは、二八年のオリンピックでようやく復帰を果たし、三〇年に公式の誘致の意志を表明、三一年にバルセロナで開催されたオリンピック委員会で開催権を獲得した。三三年一月に政権を獲得した首相ヒトラーは、政権を奪取する前には、オリンピックは「ユダヤ主義に汚れた芝居であり、国家社会主義の支配するドイツでは上演できないだろう」と批判し、開催に消極的であった。しかし、宣伝大臣のゲッペルス、ナチスのスポーツ指導者オステンらの強力なはたらきかけで、このオリンピックを政治的に利用することを選んだ。この国際的なイベント全体を「平和を愛するドイツというイメージを提示することに奉仕する」絶好の機会ととらえたのである。一〇万人収容の大スタジアム、一万六〇〇〇人収容の水泳競技場が建設され、ギリシアからベルリンまで聖火を運ぶ聖火リレーの計画も立案される。またアメリカを中心としたドイツ＝人種差別国家との批判をやわらげるべく、ドイツ選手団のなかにあえてユダヤ人選手を入れ、この大会の開催期間中は人種差別のスローガンを街頭から消し去ることも行なった。こうしたなかで諸外国からも共感を得られるこの国際的なイベントの映画化が決定されたのである。監督を委嘱されたのは、ダンサーとしてデビューした後、当時のドイツ映画の一つのジャンルであった山岳映画で女優をつとめ、その後監督となり、三三年秋のナチ党第五回全国大会の記録映画『信念の勝利』、三四年の同じく第六回大会を描いた『意志の勝利』の監督を任されたレニ・リーフェンシュタールである。

レニ・リーフェンシュタールに関する詳細な研究を行なったライナ・ローターによれば、リーフェンシュタール自身、この映画が「ＩＯＣに委嘱された仕事であって、彼女自身がプロデュースし、芸術的責任も自分一人が負っており、党からはいっさい財政支援を受けておらず、そこにはイデオロギー的機能など何もないと飽くことなく強調してきた」[1]。だが、各種の資料からいえるのは、ヒトラーと当時IOCの第一一回大会組織委員会事務局長であったカール・ディームの両者から説得をうけて監督を引き受けた、というのが真実のようである。監督就任後、三五年一二月に帝国国民啓蒙宣伝省の偽装会社であったとされる「オリンピア映画有限会社」が設立される。国策映画であることを隠すために設立されたこの会社は、帝国の資金によって設立され、映画制作のための資金もすべて帝国から配分された。すべての資金は宣伝省から出ていたのである。その当時、豪華な劇映画を製作できる一五〇万帝国マルクという潤沢な資金のもと、リーフェンシュタールは、ハンス・エルトル、ヴァルター・フレンツら選りすぐりのカメラマン四〇人あまりを召集、三六年春には撮影技術を試すために会場を訪れ撮影準備に入った。

採火式と聖火リレーのスタートを撮影するためのギリシアへの旅に始まり、八月一日の開会式、翌日から十六日まで二週間にわたって行なわれた競技、そしてプロローグ用のために九月にバルト海沿岸で行なった撮影、そしてその後の編集作業と追加撮影や音楽効果を入れる作業まで、ほぼ三年半にわたりリーフェンシュタールはこの映画の制作に没頭した。三八年三月にようやく完成し、封切が迫るなか、ドイツ軍のオーストリア進駐、ウィーンにおけるヒトラーのオーストリア併合の宣言という混乱した状況のなかで上映は延期され、最終的にはヒトラーの誕生日四月二〇日、もっとも格式のある劇場ウーファ・パラスト・アム・ツォーで、ヒトラー臨席のもとに上映されたのである。「それは史上もっとも豪華なプレミアであった」という。

この映画にはドイツ映画最高の栄誉として、「一九三八年度ドイツ国家賞」が与えられる。リーフェンシュタールは、いまやドイツでもっとも著名な監督としての地位を不動のものとした。彼女はその後、合計五つの外国語バージョンをつくり、アテネからパリまでヨーロッパの大部分を回り、「ドイツ映画のもっとも効果的な大使として営業ツアーを行なった」。ヨーロッパ各地はいうまでもなく、アメリカそして日本（一九四〇年に上映）でも上映された『オリンピア』は、アメリカをのぞいて、各国で人気を博し、最大の賛辞を受ける。そして、イタリアのヴェネチア映画祭でもその年の最高賞を授けられたのである。

ヒルマー・ホフマンは「リーフェンシュタールのオリンピア――政治的演出の美への示唆」のなかで、ベルリン・オリンピックが、ラジオ中継放送、写真、そして映画を通じて大会の様子を世界中の人々が聴き、見ることができた最初のメディア・オリンピックだったと指摘している(2)。四年前のロサンゼルス大会でもラジオによる中継放送がすでに行なわれていた。だが、なによりもリーフェンシュタールの映画こそ、全世界的な規模で、オリンピックを回想的に再現する機会を提供し、ベルリン大会の神話化・伝説化に大きく貢献したのだ。またそれ以上に、「単純にナチ的であるとは形容しがたい特質が備わっていたがゆえに、ほかに例がないほど、ナチズムの肯定的なイメージを国際的に普及させること(3)」に成功したのである。

アスリートの身体とその映像美

「過去に撮られたスポーツ映画のいかなる作品と比較しても、最高の一本ではないかもしれないが、最高の映画の一つである」と評価され、「映画美学的には、モンタージュ、コラージュ、編集テクニックにおいて構造を規定するものであり、今日に至るまで、スポーツ報道のみならず、劇映画および政治的レポートにおいても、映画のつくり方に影響を与えている」(4)と指摘されるこの映画は、いかなる映像美を構成しているのだろうか。円盤投げ、槍投げ、三段跳び、棒高跳び、そして一〇〇メートル競走、四〇〇メートル競走など、陸上競技を中心に編集された第一部「民族の祭典」、体操、ヨット競技、ホッケー、サッカー、自転車、馬術、水泳競技、飛び込みなどを編集した第二部「美の祭典」、この二巻から構成された『オリンピア』は、高速度撮影、光量の少ない夜景をとらえるレンズと高感度フィルム、極端なクローズ・アップを可能にする望遠や倍率の高いズーム・レンズなど、ドイツの写真光学や映画技術の粋を結集して制作されたものだった。さらにいえば、瀬川裕司が詳細な分析を加えているように、大会中に実際に行なわれた競技のみならず、事前の練習中の映像や事後の再現シーンの映像、観客の応援や歓声の映像の使い回し、さらにはサッカーのオーストリア・イタリア戦の二度のゴール・シーンを同一のゴール映像で処理するなどの大胆な編集、さらに美的リズムを生み出すスローモーションとリズミカルに切り替わる映像シーンのコラージュ、アスリートを直接映像に登場させず、選手の影によって表現する技法、あえて逆光でアスリートをとらえることで身体のフォルムを際立たせる技術など、リーフェンシュタールの美的才能と映画技術を駆使して、「身体の完璧性の美学」「身体のリズムからなる美」が表現されたのである。(5)

冒頭のプロローグは、「場合によっては『オリンピア』のもっともすばらしい場面は「プロローグ」だ、と評価されることもある」(6)、この映画のハイライトの一つをなしている。雲のショットが現われ、巨大な岩石が現われる。この幻想的なシーンに続いて、オリンピアの廃墟の神殿の映像がながれ、次に天にむかって聳え立つようにパルテノン神殿の内部の列柱がローアングルから撮られている。「野蛮」から「文明」へ、その歴史のプロセスが荘厳な雰囲気のなかで表現される。つづいてヴィーナス像が映され、円盤投げの石像が現われ、その石像が生身の男の裸像の姿に変わり、円盤を投げる美しいフォルムがスローモーションで撮られる。冒頭部をかざるにふさわしい美しい場面である。一転してふたたび雲が映し出され、輪になって球を投げあう女性の手から輪になって踊る裸体の女性の姿へ、さらにそれが女性の影絵に移行し、聖火が登場する。ここまでのシークエンスで表現されるのは、ギリシアの文明とそこで花開いた身体の造形美と、円盤を投げる裸体の男性の身体そして舞踊する裸体の女性の身体とを、それぞれ重ね合わせながら、ギリシアで一つの頂点に達した身体の美とスポーツする鍛錬された肉体の美を同一のものとみなす視線だろう。ギリシアの復興、二〇世紀における偉大な文明の再興である。

次のシーンは、裸の男がトーチに聖火を点じてクロノスの丘を下るシーンである。聖火ランナーのバトンタッチの映像はヨーロッパの地図にかわり、七カ国約三〇〇〇キロのコースを聖火が通過する様子を地図で表示する。そしてついにドイツに達すると映像は曇り空を、ついで一〇万人収容の主競技場、競技場で熱狂する観衆、ナチ式敬礼をする観衆を映し出し、観衆をロングショットでとらえた映像で終わる。この映像の意味は、誰の目にも明らかだろう。それは聖火ランナーの通過をたどることではない。

ギリシア文明の聖火がドイツにもたらされたこと、二〇世紀における偉大な文明の再興の担い手が第三帝国ドイツにほかならないことが象徴的に表現されているとみるべきだろう。そこではギリシアとドイツを結ぶ地政学的な構図がはっきりと示されるのである。

この映画の特徴が現われるいくつかの競技シーンをみておこう。

最初の競技は円盤投げである。冒頭のギリシアの円盤を投げる石像のシーンが想い起こされる。まずアメリカのカーペンターが、つづいて優勝最有力候補のドイツのシュレーダーが、ついでギリシアのシラス、アメリカのダン、スウェーデンのベルクがつづく。その映像はアスリートを至近距離から撮ることで、彼らの鍛え上げられた肉体、強靭な筋肉、回転しながら円盤を投げる身体のフォルムの美しさ、そしてアスリートの緊張感が、スローモーションをまじえた映像処理によってきわめて印象深く映像化される。

一〇〇メートル、二〇〇メートル、走り幅跳び、そして四〇〇メートル・リレーで優勝したベルリン・オリンピック最大のスター、黒人アスリート、ジェシー・オーエンス（アメリカ）をとらえた映像は、この映画のなかでも最も優れたものの一つといえる。一〇〇メートル準決勝のシーンでは、スタート前の彼の緊張した顔がクローズ・アップで収められている。そしてスタート。他の選手とは明らかに異なる彼の並外れた脚力、その美しいフォームは感動的ですらある。しかし、彼をとらえた映像のなかでは走り幅跳びのシーンがより優れている。

この競技では、ドイツのロングとオーエンスのふたりの闘いだった。オーエンスの跳躍、リズミカルな助走と力強い踏み切り、空中を舞う美しいフォーム、躍動感に溢れた映像。オーエンスの最初の跳躍は七メートル八七。つぎのロングも見事な跳躍で七メートル八四、二回目の試技ではオーエンスに並ぶ七メートル八七、スタンドの大観衆の歓声と拍手の映像に切り替わる。最後の跳躍をロングが失敗。その後のオーエンスの跳躍で決まる。助走路に入ってから上半身を前屈みにして頭を垂れ、なかなか助走しないオーエンスの姿をカメラはとらえる。アスリートの緊張感、いまにも俊敏な動きにはいろうとするしなやかな身体、その「静」が「動」へと切り替わり、一転して走り出し舞い上がるオーエンス。記録は八メートル〇六。身体の躍動・リズム・力が、映像の力をつうじて見事に表現されている。

この映画のもう一つのハイライトは、第二部「美の祭典」の最後におかれた男女飛び込み競技のシークエンスである。カメラマンは半年前に開催された冬季オリンピックのジャンプ競技を撮影したハンス・エルトル。ローアングルから空を背景にして、逆光のなかで空中に舞うアスリートをとらえることで、ときにはしなやかに曲線を描く身体、ときには美しいフォルムを描いて回転する身体のシルエットが際立つように撮影されたシーン、逆に大型クレーンを用いて飛び板より高い位置からアスリートがプールに水しぶきを上げて着水する瞬間をとらえたシーン、これらが交互に繰り返し映し出され、リズミカルに編集される。最終のシーンではさながら「人間飛行機」のように、飛び板を離れて選手たちが自在に空に舞う姿が次々に登場する。その美しい身体のフォルムをとらえた映像は「美の祭典」を締めくくるにふさわしいものだ。

そして最後の場面は、ライトアップされたスタジアムの全景である。スタジアムからは何本もの光線が垂直に夜空に向かって放たれている。崇高、厳粛な雰囲気がかもしだされる。そして最後にこれら何本もの光線は天空で一点に交わり、太陽の光にも似た強い光の束となる。

プロパガンダ映画？　優れた芸術作品？

この映画を私たちは今どう位置づけうるだろう。典型的な批評のスタイルは次のようなものだ。

一つは、第一部「民族の祭典」、第二部「美の祭典」と題されたこの映画が、ヒトラーの政権下で行なわれた大会の、しかも国家から全面的な支援をうけて制作された映画であり、ナチのプロパガンダとして利用されたとの理由から、ファシズム美学の典型として批判するスタイルである。第二は、プロパガンダとして利用された事実はふまえつつも、アスリートの鍛錬された身体と力強い動きをこれまでにはないアングルでとらえた優れた作品であるとして、その映像の美的価値を賞賛するスタイルである。この映画はスポーツを芸術の領域にまで高め、身体とその動きを美として描き切った映画であり、リーフェンシュタールとは天才的監督なのだ、というわけである。

こうした批評の身振りをどう考えればよいのか。たしかに、この映画は、ドイツ選手の活躍の映像に片寄ることなく、各国の選手の姿を映し出すことで、ヒトラー政権下のドイツが人種差別などない平和国家であるかのように制作されている。

とりわけ、当時「褐色のカモシカ」とニックネームをつけられたオーエンスの傑出した活躍とその映像は、この映画の政治的位置を考える場合に、きわめて重要な位置を占めている。ナチのイデオロギーにとって「アーリア的なるもの」の対極にある「黒の身体」の活躍にヒトラーやナチの幹部は嫌悪感を隠さなかった。しかしリーフェンシュタール自身の美的感覚は、アスリートとして彼が生み出す身体運動の卓越性とその美を排除できなかったし、「黒の身体」だけでなく、ナチにとっては劣等人種でしかなかった「黄色い身体」を映像化することにも躊躇しなかった。三段跳びで活躍した大島・田島・原田の日本人三選手、棒高跳びで活躍した西田選手をとらえた映像が示すとおりである。規律・訓練的な身体文化と競技スポーツの身体性が折り重なった地点に生成する「美」、そこにリーフェンシュタールはこだわり続けたといえる。しかし、この映画のオープニングを飾るシーンに「黒の身体」も「黄色い身体」も登場していないわけではないことも確かなのだ。そこには明らかに、身体が「ネイション」と「人種」の階層秩序に組み込まれて描かれてしまう人種的構図が存在しているのであり、オーエンスの映像を単純に「美しい身体」ととらえるだけではすまないのだ。

だが、一見するとナチの民族主義を超えた映像であるがゆえに、プロパガンダとして卓越した効果をもちえたと批判する一方で、芸術的価値をもつ第一級の作品と評価する、ねじれた関係が生まれ、現在に至るまでそうした評価が続いてきたのである。

だが、いま示唆したように、そうした単純な切り分けで、この作品の複雑な、そしてより深い問題を把握できるのだろうか。

この作品の映像には、作品自身を生み出したドイツの政治的・文化的な文脈が複雑に折り重なり、その重層的な歴史的文脈の政治性が凝縮されている。その複雑に絡まりあった位相を解きほぐすことを通じて、はじめてこの作品の根源的な問題性があらわになる、そうした性格の作品なのだ。だとするならば、いま必要なのは、折り重なった位相を解きほぐし、問われるべき問題自体をあらわにすることだろう。

では、根源的な問題とはなにか。結論を先取りしていえば、身体の規律化をめぐる問題であり、その身体を「ネイション」「人種」と節合する「美」の政治空間の問題、文化権力の問題である、ととりあえず述べておこう。

二　権力作用の焦点としての身体／身体文化

ドイツ・ナショナリズムとギリシア

この映画を理解するためには、映画自体の分析にとどまらず、この映画が製作された当時の複雑な文化政治的な文脈に眼を向ける必要がある。身体文化、スポーツする身体、に焦点を当てながら考察を加えよう。

映画の冒頭で提示されたギリシアの神殿や聖火リレーの映像。オリンピック大会を記念する映画であるかぎり、オリンピックの発祥の地であるギリシアを表象することになんら不自然さを感じずに鑑賞するのではないだろうか。しかし、当時のドイツが置かれた状況に眼を転じるなら異なる姿が垣間みえてくる。

一九世紀後半、ドイツ国内では文化的偉人や王侯たちの記念碑や像が次々に建設され、それらの驚異的な増加をみた。こうした事態は、記念碑の増加にとどまらず、記念博物館や美術館の建設ラッシュというかたちでも顕在化した。当時、記念建造物の多くはギリシアの陶器や彫刻といった古典古代の美術品を収容するために建設されたのだが、この建物自体がギリシアの建築様式を模倣した擬古典主義様式を採用したものだった。なぜこれほどの規模で、歴史を記憶し、記念するための施設や記念碑が造形されたのか。三島憲一によれば、それは、近代国家の形成が後れたドイツにあって、記念碑、ギリシア風の擬古典主義様式を模した建築物の造形は、共通の起源、共通の記憶を作為的に設定し、「国民」の創出とその社会的統合力を強化しようとする欲望の現われであった。各種の記念建造物は、生活空間全体の歴史化を進める強力な文化装置として卓越した機能を発揮することを期待され、建造されたのである。では、なぜドイツの歴史を記念するに際してギリシア文明が参照されたのか。なぜギリシアでなくてはならなかったのか。

H・プレスナーは、こうした生活空間の歴史化を、「遅れてきた国民」たるドイツが急速な富と権力の増大のなかでナショナル・アイデンティティを追い求めたものとみなしている。富と貧困の格差の拡大、都市的生活の不安など近代化が抱える矛盾を前に、過ぎ去った過去への憧憬がロマン主義的心情の高揚を伴いながら膨らんでいったのである。そしてドイツの歴史の起源がはるかギリシアにまで追い求められることになる。プレスナーに従えば、それは、長年にわたるフランスとの政治的対抗関係の中にあって、ラテン世界とギリシア世界をことさらに区別し、ラテン世界たるフランスに対するギリシア世界の嫡子たるアーリア人のドイツ、という自己認識の帰結であった。

よく知られているように、第二帝政期における帝国旗は、プロイセンの色の黒白とハンザ都市の色の赤を組み合わせることによってプロイセン中心の「小ドイツ的」な連邦国家を象徴していた。ところが、ヴァイマール共和国では社会民主主義者が黒赤金の共和国旗を、左翼急進主義者は赤旗を、市民/保守主義者は黒白赤の帝国旗を、ナチスは鉤十字を掲げたように、国民国家の分裂状況が進行する。その一方で、ヴェルサイユ条約によってマイノリティ化された国外ドイツ民族との連帯感が強化され、二二年には「大ドイツ的」な『ドイツの歌』が社会民主党大統領のエーベルトによって国歌に定められ、国民の表象を「民族」、つまりアーリア民族に求める動きが強まっていく(7)。この状況でナチスは分裂した国民の強制的同質化と「大ドイツ主義的」な「民族国家」の建設をみずからの歴史的使命としたのだ。こうした「小ドイツ化」「大ドイツ化」といった歴史的なゆらぎをともないながらも、「民族国家」としてのナショナル・アイデンティティを支えるものとして参照されたのがギリシアであった。

このような歴史的背景をみれば、「民族の祭典」の冒頭のシーンでオリンピック発祥の地ギリシアが表象されていることを単純なかたちで理解してはならないことがわかる。ギリシアのシーンは、ギリシア文明を継承するドイツ、「世界に冠たるドイツ」であることを世界に知らしめる上でなくてはならない映像であった。またドイツ人自身に向けてもアーリア人のドイツの優秀さをギリシアに由来するものとして自己表象するまたとないシーンであったのだ。そこで表象されたギリシアとは、身体の鍛錬と節制、その帰結としての民族の健康と身体の美、それら一切を体現する文化としてのギリシアである。

政治的身体の構築

いま述べたように、実際、一九世中頃以降から二〇世紀の三〇年代に至るまで、ドイツでは――むしろヨーロッパ、アメリカ、日本でも、というべきだろう――身体が政治の焦点として浮上し、身体の鍛錬と節制が社会的そして政治的な課題の一つとして認識されるようになっていた。ワンダーフォーゲルから「自由ドイツ青年」へつながる青年運動の身体文化、トゥルネン協会を中心とした身体の訓練、そしてリーフェンシュタール自身が行なっていた新舞踊など、身体をめぐる錯綜した複数の文化活動がすさまじい勢いで展開したのである。

村々を歩き回り、貧しい食事を煮炊きして、夜は輪になって民謡を歌う、ワンダーフォーゲル運動はよく知られている。その組織者ホフマンは「大都市が青年を去勢してしまい、成長を歪め、自然との調和のとれた生活様式を失わせた」という反都市/反近代の思想をもち、その後をついだカール・フィッシャーも同様の思想をもっていた。都市を避け、城跡や歴史的な遺跡、中世文化のロマンティシュな霊気の漂う深い森林地帯を旅したのは、大都市のカフェ、売春宿への反抗であり、イギリスやフランスの文化に浸っている大人が見失ってしまった古い民族の文化や自然の発掘であった。ここには「郷土作家」として知られるキルヒバッハの影響や、魂の形成過程で陶酔と熱中を享受すること、眼と耳と身体の陶酔が必要であることを主張して「郷土民俗学」を提唱したグルリットの影響があったと言われている。彼らにとって新ロマン主義とゲルマン精神と信仰こそ青年が享受すべきものだった。祖国愛は形式的な教育によってではなく、自然と郷土を旅することで得られる感覚によって体得される、と考えられたのである。(8) この運動が一九〇〇年に入ると全国的な規模に広がり、若者の心を捕らえる。そして一九一〇年代に至ると、節制による肉体の鍛錬と民族性の強調、さらには軍事的民族性の鍛錬を主張するグループまで登場することになる。いずれにしてもここで注目すべきは、彼らが独自の身体文化を標榜したことである。

一九一三年ホーア・マイスナー山で「自由ドイツ青年」が開催されてから、青年運動の崇拝画となったフーゴー・ヘッペナーの「リヒトゲペート」という絵画がある。この大会では、一方では政府や軍主導の内実のない愛国主義の祭典や、教会・政党・政府・軍の青年組織に反対して、「解放闘争の真の愛国心と祖国的任務」「青年の自立」を強調し、他方でアルコールと煙草、そして性に対する最も良い信頼すべき武器として、スポーツと訓練による身体と精神の鍛錬の重要性を指摘した「マイスナー宣言」が出された。裸体の若者が天に両手を差し出すヘッペナーの「リヒトゲペート」は、「生命の根源としての光の希求」を表わすものであり、自然のうちにある人間の調和、鍛錬された裸体の美、そして民族の健康という「マイスナー宣言」を絵画のかたちをつうじて表現するものだった。この裸体の若者という主題、そして絵画の構図は、「民族の祭典」の冒頭を飾る裸の女性の姿を彷彿とさせる。両者には同じ思想が貫かれている。さらに『オリンピア』のラストシーンが光で終わったことを想起してほしい。「生命の根源としての光の希求」は、禁欲的な節制と身体の鍛錬、それにもとづく民族の健康と美を主題としたドイツの半世紀にわたる身体文化を象徴するものとして、映画の最後にぜひともおかれるべきであったのだ。

トゥルネン協会と男性の身体

禁欲的な節制と身体の鍛錬、それにもとづく民族の健康、そして身体の美、という観念・スローガンと運動は、このワンダーフォーゲルから「自由ドイツ青年」へという流れにおいてのみ見られる現象ではない。より広範な文脈で実践された「出来事」でもあった。「体操」の制度化である。

アメリカの社会史家のJ・R・ギリスは、ヨーロッパの一八七〇〜一九〇〇年の社会の特徴を「青年期の発見」と名づけたが、それは中産階級の拡大のもとで子供の通学期間が延び、子供でも大人でもない人生の一期間が注目されるようになったこと、さらにそれが労働者階級にも広がっていったことを意味している。それはまた国家による青少年の「規律化」という側面を伴っていた。具体的には「問題児」の保護・監督・教育を内容とする青少年保護政策やすべての青少年を対象にした青少年育成事業は一九七〇年代に始まり、一九〇〇年には保護育成法が制定された。また一九一一年に発布されたプロイセン政府の青少年育成令は「強靭な肉体、倫理的な共同精神、祖国愛をもった反社会民主主義的青少年を育成する」ことを明確にめざしていた。(9) こうした動向の一翼を担ったのが、すでに一九世紀中頃に成立したトゥルネン運動である。

一般に近代体操の父と呼ばれるヤーンの提唱した体操運動が、トゥルネン協会の結成をつうじてベルリンからドイツ全土へと広まっていったのは、一九四〇年代である。自然の中での運動を提唱した彼の「トゥルネン」は、「共同体内の男性同盟的性格に特徴づけられており」、「強靭な身体」「真の健康」をめざすとされ、トゥルネン協会の使命として「男性であるべき徳目、すなわち義務と規律、秩序と服従、勇気そして力、不屈、精錬そしてとりわけ軍事的有能性」が重視されていた。

有賀郁敏の研究によれば、各都市のトゥルネン協会の上部組織として四八年に設立されたSTBが四九年に発表した「シュヴァーベントゥルネン規則」では、学校体育に関する諸規則、それとは別に一四歳から二五歳までの男子はトゥルネン教師と当該地のトゥルネン協会から許可を得たフォアトゥルナーのもとで毎日二時間トゥルネンを実施すること、トゥルネンは音楽、歌、ダンス、遊戯、教練、剣術、武器、消防、救援活動と結びつくもの、とされている。また軍事能力の育成は一八歳までに終了しておくこととし、この段階ですべての男子が市民軍に入隊し、二五歳までに召集に備え、同時に消防団を結成すること、が謳われている。そして実際には、懸賞競技種目としては、短距離走、高跳び、レスリング、円盤投げ、などのトゥルネンが位置づけられ、集団・徒手・軍事運動はそれらの基礎を養うべきものとされた。(10)

各地域の協会におけるトゥルネンの制度化と同時に、アドルフ・シュピースに主導されて学校教育の一環としてドイツ体操が始まる。それはヤーンの屋外活動を軍事訓練に酷似した屋内での器械的訓練へと変化する。「これはまさに規律や権威への無条件的服従といった政治的美徳を教化するための当局側の手段となった」のである。(11)

三　新しい身体の自由と排除される生

ノイエ・タンツ（Neue-Tanz）における女性の身体

こうした身体、身体運動への注目は、スポーツや体操にとどまらない。一九二〇年代にドイツで発生した新しい身体表現をめざすノイエ・タンツも、身体への注目という当時の一連の動きに連動するものだった。これまで唯一の芸術舞踊であったバレエに反対してトゥシューズを身に着けずに裸足で、身体の動きの自由がきくゆったりした透明な衣装をまとい、バレエの決まったステップではない自由な動き、そのなかに古典バレエとは違う感情や魂の新しい表現可能性を模索したのである。イサドラ・ダンカンによって始められたこの運動は、その後ドイツで広く受容され、多くの舞踊学校がつくられた。そのなかでもダンカンとルードルフ・フォン・ラバンの直系の弟子マリー・ウィグマンの舞踊は注目を浴びていた。すでに指摘したように、リーフェンシュタールは、このマリー・ウィグマンの舞踊学校に入学して、本格的に舞踊を学び、舞踊家としてデビューしたのだった。二三年、彼女が二一歳の時である。しかし禁欲的でフォーマルな様式にこだわるウィグマンの舞踊には馴染めなかったようで、一年後にはベルリンに戻り、ときにはゆるやかでなめらかな動き、そして一転して激しく力強い動きへの変化、この対照的な動きとリズム、そして内的衝動や魂の表現として自在に身体を律動させる舞踊を身につけていった。リズムとコントラストを重視する彼女の舞踊は、人気を博して「当代最高のダンサーのひとり」

と目された。

彼女の舞踊は、最初の映画出演作品となった『聖山』の冒頭で見ることができる。ここで注目されるのは、荒れ狂う大海の波が岸壁に打ち寄せ、その波が曲線を描いて飛び散る映像と透き通った衣装を身に着けて彼女が激しく舞踊する映像が交互に繰り返されるシークエンスが、彼女が抱く新舞踊への理念とともに、ノイエ・タンツの理念も端的に表わしているように見えることである。

当時の舞踊家の多くは、すでに述べたように、既存の細部まで完成されたバレエを拒否し、「自然のリズム」から啓示を受けた自己の内面から湧き出る創造的な力を重要視していた。荒々しい力、そしてときには穏やかな表情を見せる自然、この自然のリズムと共鳴し、呼応する身体の動きこそが彼らのめざすものだった。そこには、自然への回帰、崇高さ、崇高なものへの敬愛——それは都市文明への批判、世俗的世界への蔑視と表裏の関係にある——、といった当時のドイツの文化の潮流がはっきりと流れ込んでいたのである。ノイエ・タンツの理論的指導者であるラバンは、『体操と舞踊』のなかでこう述べている。


生から切り離された完璧な調和と美の幻想は、必要に迫られて仕方なしに行う行為同様、味気なく、虚弱なものである。しかし、自分の内部から湧き出す命の力の整然とした規則性を感じることのできる人間の場合はまったく異なる。太古から続く記憶の宝庫の中から新しい力の波が湧き上がってくる。思考の力が形をとって現れ、その血と肉体に形を与えるのだ。つねに成長を続けるフォルムの海から、生命の源から、ムーブメントから、どんなに豊かな宝が姿を現すことか。人が自然との協和的リズム eurhythmisch に生きていた時代にはまだこのようなことがあった。その時代はもう過去のことである。しかしその時代は私たちの憧れの中に生きている。われわれは、今日、この身体的鍛錬によって、新たに覚醒するための一歩を印したのだといえよう。この覚醒は、われわれ民族の運命の転変と時を同じくして実現した。……ドイツ民族は初め、古代の若々しい豊かさにおいて、凶暴な人間性と原始的な感覚の喜びに興奮を味わった。徹底して容赦のない傾向を持つわれわれドイツ民族は、その後、理想に熱狂的に傾倒し、魂の苦悩と無関心の世界を体験した。苦悩によって清められ、白い人間たちは、今や個人を超越して通用する共同体の理念を求めている。[12]（傍点は引用者）

因習に縛られた身体を解放すること、身体の鍛錬をつうじて人間の内部から湧き出る力に一つのフォルムを与えること、がめざされている。だがその「革新」の運動は、この文章からも明らかなように、きわめて保守的で、民族主義的な、共同体思想を重視するものなのだ。

波が砕け散るリズムとダンスのリズムの一致を試みた『聖山』の冒頭のシーンは、上記したノイエ・タンツの理念に照らしてみるなら、その理念を、映像をつうじて表現したものであることが理解されるだろう。さらにいえば、通俗的な男女の三角関係を描いた『聖山』の二つの要素、聖なる山と荒れ狂う海、山を極める男と海のリズムと共鳴する女、そしてこの男と女の出合い、という構図は、ともに世俗世界を離れて、一方は山岳スポーツを通じて肉体を鍛錬することで、他方は舞踊という厳しい練習を通じて肉体を鍛錬することで、大いなる自然と向き合い、自然の荒々しさに打ち勝ち、自然を征服する、という当時の身体文化をめぐる基本的構図を踏襲したものなのである。

この身体と自然という構図とともに、バックスマンの指摘によれば、ラバンの「合唱舞踊」という舞踊様式、つまり全員が一つとなって同じ動きをする集団舞踊の様式が象徴的に示すように、この新しい舞踊運動の理念には、共同体的なそして集団的身体の創造をつうじて、近代の「孤立」「アトム化」した個人と抽象的思考や客観性を克服することができるとする、独自の思想が内包されていた。資本主義や官僚制そして都市的文化に対して、聖なる自然、その自然のリズム、そして自然と大地に根ざした共同的なるものが復権されるべきである。伝統的なバレエの技法に反対し、革新をめざしたノイエ・タンツの一側面には、こうしてロマン主義的な、民族主義的な、バックスマンの言葉を使うなら、「神話」「共同性」「集合的意識」の再生という契機が深く入り込んでいたのである。(13)

これまで述べてきたように、スポーツや体操、そして舞踊といった異なる分野でみられた、身体の鍛錬、身体の規律化をめざす一連の動向を象徴的に表現したのが国民の啓蒙化を目的に制作された「文化映画」といわれるジャンルのなかの一つ『美と力への道』である。

ヴィルヘルム・プラーガーの監督した『美と力への道』(一九二五年)のプレス資料には次のように書かれている。

健全なる身体に健全なる精神が宿る、という古きギリシアのことわざは、今日でも意味を持っている。……第一次大戦前、わが国の少年たちは軍隊での教練以外に肉体的に鍛錬される機会がほとんどなかった。少女に関しては、残念なことにそのような鍛錬はおこなわれていなかった。……合理的に身体を育成し、訓練しようと努力することの価値はますます認められつつある。私たちの映画は、この目的に到達する道を提示せんとするものだ。

この映画の詳細は、瀬川の分析にゆずるが、前半部分では、身体のさまざまな歪みを矯正する運動として、スウェーデン体操、ヘレラウの体操舞踊学校でのリズム感を養成する教育、アンナ・ヘルマン演出の舞踊、全裸の女性がポーズをとるハーゲマン指導によるダンスが紹介され、後半では走り高跳び、短距離離走、テニス、飛び込みなど各種現代スポーツの模範的な動きが描写される。そして最後は、「新時代では、屋外生活への理想的な愛が、健康および肉体の美しさに通じる黄金の道を切り拓く」という字幕とともに、近代体操の父ヤーンの肖像が提示され、数千人規模の集団体操の遠景で終わる。(14)

この映画の目的は、健康増進運動の宣伝であり、その目的を実現する手段として、体操・スポーツ、そして舞踊が奨励される。都市生活の弊害が強調され、自然とふれあい、身体を動かし鍛え、健康な肉体をつくりあげること、美しくあること、が無前提に肯定される。その主題、そして映像の素材、いずれにおいても、『美と力への道』は『オリンピア』の先駆的作品といわねばなるまい。

映画『オリンピア』は、以上みてきたように、一九世紀後半から続くドイツ社会における、ナショナリズム、国民の教化と体操教育、健康な身体と民族の再生、神話や集合的意識の強化と親和性をもった新舞踊の成立と受容といった諸要素の関係を背景に構成された身体文化を基盤としてはじめて制作されたのである。こうした視点からすれば、リーフェンシュタールの独創性など問題ではないといえる。たしかに彼女は以前の山岳映画や『美と力への道』の映画技術を高度な映像処理や編集作業をつうじてより先に推し進めた。しかし、その映像美は、バックスマンが「国家の身体的具現」（die Verkorperung der Nation）と概念化した、身体の規律化と国民化、集合的身体への神話的憧憬といった身体をめぐるドイツの複雑な文化と政治の磁場から生産されたのであり、彼女の個人的才能から生み出されたものなどではない。身体の政治性をめぐるあらゆる要素の集合体として『オリンピア』が存在しているのだ。そして身体の規律化と国民化、集合的身体への神話的憧憬というこれら複数の動向は、いま一つの出来事を帰結することになる。身体を焦点とする人種差別という事態である。

破棄される身体

『オリンピア』が製作される三年前、第三帝国は遺伝病子孫予防法（一九三三年七月公布、翌年三四年一月一日に施行）を制定した。一般に「断種法」といわれるこの法律によって、「身体的および精神的に健全かつ立派でないものは、みずからの痛苦を子供の身体のなかで永続させてはならない」というヒトラーの原理、そしてこの原理にそって一九三二年にナチ党中央出版所の「国民社会主義叢書」の一冊として刊行されたH・S・ツィーグラーの『第三帝国における実践的文化活動』――文化を「一民族の人種的な条件によって制約された精神的・心情的および道義的な価値すべての、さらにはまた、これら価値から形成され、ある一民族にたいしてそれに属する創造的な個性によって贈られる諸作品すべての総括概念」と規定し、「文化の生存と繁栄のための前提は、人種にふさわしい健全さをそなえた身体[15]」であると明言する――に従って、遺伝病者とみなされる人間を選別して強制的に断種手術することが行なわれたのである。その数は、ナチの崩壊までに四〇万人にも上る。

さらに一九三五年九月には、「ドイツ国公民法」および「ドイツ人の血と名誉を防護する法」から成る「ニュルンベルク」法が制定される。前者はドイツ国籍を有するドイツ人たるユダヤ教徒ないしナチスが「ユダヤ人」とみなした人々を新法の「ドイツ国公民」から除外し差別するものであり、後者はナチの主張した「ドイツ民族存続の前提」たる「ドイツ的血の純潔性」を守るためにユダヤ人と「アーリア人」との結婚を禁止し、婚外関係も処罰の対象とするものであった。さまざまな障害をもつ人々、劣等人種とみなされたユダヤ人、黒人は、「規格外のもの」「破棄すべきもの」として「剝き出しの生」とされたのである。鍛錬された肉体の強さと美、しなやかでしかも強靭な身体の動き、そこに民族の美と健康をみる『オリンピア』の背後には、このドイツの陰惨な現実がある。

『オリンピア』は、一九世紀後半から続く身体への関心、身体に対する選抜と選択、そして訓練の結果を「美化」しただけではない。健康な、健全な身体という特定の「区分の空間」へ入ることを拒否され、「規格外のもの」とされた人々の存在を完全に抹消した上で、その空間に立ち現われたフォルムを美とみなす選別と差別の日常性を再生産し続けたのである。

私たちは、それでも、彼女の映画を美的なるもの、映画芸術の最高の成果の一つというのだろうか。

本章の冒頭で引用したフーコーの指摘にあらためて立ち返るべきだろう。そこで述べられた近代の規律的権力とは、第一に、雑然とした、さまざまな個性をもった人々の個別的な行動・成績・行状を、特定の「区分の空間」に関連づける力であった。これをフーコーは「秩序づけられた多様性へと変える生ける絵画」と言い換えた。第二は、この特定の空間の内部で、個々人の行動・成績・行状を差異化し、階層秩序化する力である。誰が優れているか、誰が劣っているか、選別し、序列化することだ。そして第三は、特定の「区分の空間」をつくる規則原理に照らして、空間に包摂しうるものと、それ以外の「規格外のもの」との境界を設定することである。階層秩序の内部にさえ入ることを許されない、文字どおり「規格外のもの」「破棄すべきもの」をつくりだすことであった。

「比較し、差異化し、階層秩序化し、同質化し、排除する、要するに規格化する」規律・訓練的な権力を、フーコーは「一刻一刻を取り締まる常設的な刑罰制度」を対象に描き出した。だが、規律化する権力が発動する範域を刑罰の制度に限定して考える必要はない。規律・訓練を、文字どおり身体の鍛錬と訓練と言い換えよう。「区分の空間」を「刑罰制度」から、「身体制度」と読み替えてみてはどうだろう。これまでの論述から明らかなように、一九世紀末から二〇世紀にかけて、個別的な身体的な行動・成績・行状を「体力」「俊敏性」「腕力」といった計測可能な「身体能力」という規則原理において関連づけ、個々の身体を「体育」「鍛錬」の空間に包摂することを通じて、身体が特定の政治的な文脈に布置化され、身体文化が国家のイデオロギー的秩序を体現するものとして機能したのである。

一九三六年のベルリン・オリンピックを記録した映画『オリンピア』がリーフェンシュタールによって制作されたのは、まさに「スポーツする健全なる身体」が賞賛され、「身体の美」が執拗なまでに求められた時代を背景とする。そして同時に、その映画は、フーコーが示唆したように、「身体の美」の賞賛の背後で、その基準を満たさない「規格外のもの」が創出され、暴力的に排除された「陰惨な」時代のただなかで制作されたのである。繰り返そう。それでも、彼女の映画を美的なるもの、映画芸術の最高の成果の一つというのだろうか。

一九四〇年、そして二〇〇三年

リーフェンシュタールの死を伝える言説は、最初に言及したように、相も変わらず彼女の映画の美学的成果を好意的に紹介するものだった。[16] 日本で一九四〇年に『オリンピア』が上映されたとき、上演を知らせるポスターに「映画芸術の絶頂に人々は陶酔する！ 全日本は陶酔する」の文字が踊り、数多くの批評が雑誌の紙面を賑わしたときと比較して、その七〇年近い時間の隔たりがこの映画の評価にほとんど変化をもたらすものではなかったと思えるほどだ。

フーコーが指摘した近代の規律的権力とは、そして身体をターゲットにしたファシズム＝全体主義の権力は、われわれの内側にいまだに潜在する欲望、つまり規律化されることをむしろ自己の欲望とし、鍛錬のなかに生まれる肉体の姿に美を欲望するわれわれの隠された欲望と実は相関するものなのではないか。

規律化された身体が放つ強烈な魅惑と誘惑。そこに美を繰り返し見いだしてしまう、歴史的に造形されてきた私たちの感受性と精神性。それが私たちをとらえている限り、われわれはベンヤミンが七〇年も前に指摘した「美の政治化」を繰り返し、そして不断に実践しなくてはならないだろう。美とされるもの、美的なるものと感ずる人間の感性や精神の生い立ちをその成立の政治的文脈に引き戻して問い返す作業を。

さまざまなメディア言説をつうじて、「健康」が脚光を浴び、「美しい身体」がもてはやされる今、われわれはいかなる文脈に包摂されようとしているだろうか。

III　社会システムの再編制

第六章　権力のテクノロジーと行為主体の再配備

——情報化と社会的リアリティの変容

一　現代のテクノロジーと社会システムの存立

「情報社会と権力」という問いの可能性

この章では、情報化と権力という二つの概念を焦点にしながら、現代の社会システムの編制原理の変容について考察を加える。ところで、この二つの概念の一つである「情報化」「情報社会」なる概念は、六〇年代後半に日本社会で造形されて以来、国際的にも通用し、この三〇年足らずの間に大いなる市民権を獲得したかにみえる。しかし、現代社会を特徴づける簡便な用語として「情報社会」「情報化」といった言葉が多用され、また現在ではそれに続くものとして「ＩＴ革命」なる造語が氾濫しているにもかかわらず、社会学・経済学・政治学などの領域で、この概念について理解の一致がみられたとはとうていいえない状態にある。「情報化」の成立時期をどの時点とみるか、そのさいの判断基準はなにかといった基本的な点についてさえ共通の理解は得られていないようだ。大方の人たちがそうであるように、コンピュータが社会生活に多大な意味をもちはじめた時期を「情報化」「情報社会」の成立とみなす考え方がある一方で、映画やテレビが登場した時点からその成立を捉える考え方もある(1)。また、佐藤俊樹が鋭く指摘したように、「情報社会」という言葉が流布するとともに、「情報社会」にかんするさまざまな「論」が、情報技術の進歩が経済や政治や社会生活全体を一変させていくという技術決定論的なイメージを喚起したために、この概念が人々の社会認識を妨げてしまった側面すらある(2)。

他方、「権力」概念は、社会科学の基本的な概念として、これもまた長い間、政治学、社会学、経済学、法学などの思索にとってもっとも重要な対象である。だが、この概念をめぐるさまざまな規定も、各分野においてすら確定されたとはいえず、各領域間でそれなりの共通性をもった権力の定義を見いだすことはいっそう難しい。盛山和夫が「権力概念の多様性と混沌としたさま」と指摘するほど、今日の社会科学の分野における権力概念はまさに「乱立」の状態にある(3)。

このように、「情報化とはなにか」、「権力とはなにか」という基本的な問いかけに答えること自体が多くの困難を引き寄せるなかで、「情報社会と権力」というテーマを私たちはどう論じたらよいのか。

一つの方向は、情報化とはなにか、権力とはなにか、という二つの概念に対する定義づけを曖昧にしたままで、日常的に使われている自然言語としての「情報化」や「権力」がもつ意味内容に即しながら、「情報化と権力」というテーマの考察を行なっていく方向である。たとえば、情報化とは、携帯電話やパソコンなど電子メディアが社会に浸透することである、コンピュータと高度なデジタル通信技術の導入によって生産や流通過程がより効率化することである、あるいは情報技術の革新によって経済・政治

・文化など社会のあらゆる領域が変化することである、ととりあえず規定する。その上で、電子メディアがつくり出すサイバースペース上で、どのような検閲や言論の抑圧が行なわれているか（行なわれようとしているか）、いかなる情報操作が意図されているか、そうした検閲や操作の技法は以前とくらべてどう異なるのか、こうした問題を主要な「情報化と権力」の問題として論じるやり方である。もちろん、そうした定義や記述に意味がないというわけではないし、検閲や情報操作といった問題は「情報化と権力」というテーマのなかの重要な問題群をなしていることも間違いない。

だが、そうした論述が、「情報社会」あるいは「情報化」と私たちが呼ぶ状態のある側面や、「権力」と呼ぶ作用のある位相を記述してはいても、「情報社会」と名づけられるような現代の社会システムに固有の存在のモードと、そこに作動する社会的しくみや変化を十分摑まえきれているようには思えないのである。「情報社会」という現代社会システムの特徴的な状態をテクノロジーの発達の側面から考えるだけでは、これまでの個人の生き方や社会的な出来事の系列やその意味づけが微妙に、しかし構造的に、変容している、という現代のリアリティを捉えきれないように思えるのだ。そうだとするならば、私たちは「情報化と権力」という問いそのものをあらためて問い直していく必要がある。言い換えれば、「情報社会と権力」という問いかけが切り拓くべきは、そうした現象的な記述ではなく、携帯電話、パソコン、テレビ、そして生活の隅々にまで張りめぐらされた数多くの制御システムなど、電子メディア・システム群と間接にあるいは直接にリンクしながら人々の身体的なパフォーマンスが組織化され、そうした行為や操作の集積として現代の社会システムが存立すること、この事態を可能ならしめた社会的なメカニズムを問うことではないだろうか。本章の狙いは、ほぼ半世紀にわたって電子テクノロジーの開発と産業化を推し進めた社会システムの変化を視野に入れながら、電子テクノロジーに接続された身体的行為の編制を焦点として権力作動のモードを解き明かすことである。結論を先取りしていえば、この考察から示唆されるのは、「消費社会と権力」という視点からでは捉えることのできない現代の権力の新たな様式が「情報化と権力」というテーマの設定によってはじめて可視化されうるのではないかという点である。

以上の事柄を念頭において、まず以下では、「情報化と権力」という問いかけを自明のものとすることなく、その問いそのものをみずからにどう問いかけることができるのか、そのことを問題化することにしよう。現代の「情報化と権力」という問いかけに対する答えは、おのずからその問いの水準によって明らかとなるということである。

言説、メディア・テクノロジー、身体

先ほど、さまざまな電子メディア・システムと間接にあるいは直接に接合するかたちで人々の身体的行為が編制され、この構造化された行為と操作の集積として現代社会が存立しているとするならば、そしてこの社会システムを特徴づけるものとして「情報社会」なる概念を用いることが許されるとするならば、この「情報社会」を編制する原理はいかなるものであり、その存立を可能としているメカニズムはなにかを問う必要があると指摘した。この問題設定にそって、ここでは考察の対象を、電子メディア

とりわけコンピュータ技術が開発されて以降のほぼ半世紀の期間に限定しよう。また他方で、特定の権力観に依拠しながら、「情報化と権力」問題を考究することにする。特定の権力観とはフーコーの権力概念である。彼の権力概念については別途詳細な検討が必要だろうが、ここでは三つの側面から彼の権力概念を把握しておく。

第一は、「言われうることの法則であり、独自の出来事としての諸言表の出現を支配するシステム」であるアルシーブから、「諸対象を体系的に形成 - 編制する実践」としての特定の言説が編制され、それが真理である、あるいは正当である、として人々に受け止められるとき、そこには「知と権力」の関係が見いだされるということである。(4) 複数の言説がみずからの言説の真理性と正当性を主張し対立しあうとき、どの言説がヘゲモニーを獲得できるか、その「力の関係」の場に権力が作動する。第二に、ある言説の受容はそれを受け止めた人々をして特定の行為や振舞いを組織化させていくという意味では、個人の「主体化」であるとともに「隷属化」でもある。ここには身体的行為を具体的に編制する独自の社会的はたらきがある。そこでは、見ること、分類すること、といった人間にとってもっとも基本的な経験も含め、主体がもちうるさまざまな文化的・社会的な位置と機能の設定が果たされるだろう。そして第三に、権力は身体のみならずモノ／テクノロジーの具体的な配置／編制を行なう力でもある。特定のモノ／テクノロジーの配置が身体的行為を特定化すること、あるいは逆に特定の身体的行為に見合ったモノ／テクノロジーの配置を実行すること、この過程に権力のはたらきがある。本章でも、この社会的行為のありようを構造化する三つの複合的な作用／はたらきを暫定的に「権力」と定義して論をすすめる。

　ところで、いま述べた、記号あるいは言説の生産、テクノロジーの配備、そして身体行為の組織、という基本的な三つの要素を関連づけて、ある出来事の生成を促す「社会的なはたらき」とはいかなる事態を指しているのだろうか。

　たとえば、現代の社会生活では、電話をすること、写真を撮ること、テレビを見ること、銀行口座から自動支払機を使って現金を引き落とすこと、パソコンで検索し必要な情報を手に入れること、メールの交換をすること、電子ショッピングをすること、あるいは自動制御機械で工場の生産ラインを管理すること、ＰＯＳシステムで商品の購入動向を瞬時に把握して流通プロセスを管理すること、といった一連の出来事が絶えず反復され、繰り返し観察されるようになっている。電車やクルマでの移動といったもっとも基本的な行為ですら、今日では高度な運行制御システムやカーナビなどのテクノロジーと切り離せない。情報社会は、こうした行為／出来事の成立を可能にする、カメラやビデオといった個々のメディア、さらに電話などの有線から携帯電話に代表される無線、さらには光ケーブルで結ばれた情報ネットワークなどのさまざまな情報通信の集積体として存立している。正確にいえば、こうした情報技術の集積の上に社会的行為や関係が形成されている社会状態を「情報社会」と呼び慣わしているわけだ。これらの物的な諸施設やインフラストラクチャーなしに現代社会は存在しえないし、日常の生活すら営めないほどである。さらに今後は、遠隔医療や遺伝子治療にみられるように、コンピュータやデジタル通信網を基盤とし、それとダイレクトにつながるさまざまな社会的行為の領域が拡大していくことは間違いない。

しかしここで留意すべきなのは、こうした高度な技術が開発され、情報通信の諸施設が完備すれば、情報社会が成立した、ということにはならないということだ。情報化を、コンピュータや通信技術の配置といった側面に限定して捉えてはならない、という至極もっともなことを確認しておく必要がある。「情報化」と呼ばれる社会変化は、テクノロジーの導入といった単純な事態ではない。第一に、社会システムが電子メディア・テクノロジーの開発と導入に向ける関心や利害を無視することはできない。テクノロジーの開発と導入の方向が社会システムの側のさまざまなエージェントの利害関心に大きく規定されていることを踏まえるならば、「情報化」といわれる変化の過程を社会システムを構成する諸主体の欲望や利害や関心と関連づけることなしに考察することはできないからである。第二に、テクノロジーの開発と導入を正当化するためには、理念や計画を謳いあげることが必要になる。国家的な投資や支援の必要性を訴える言説、企業の開発戦略の妥当性を訴える言説などである。またそれに対抗する言説もあるだろう。これらの言説のなかで、特定のある言説がヘゲモニーを獲得してテクノロジーの社会的あり方や利用の仕方に決定的な効果を及ぼしているとするならば、この言説の生産と受容の過程も情報化の進展にとって不可欠な要因であるといえる。さらに第三に、そうした政策や目標にかんする宣伝や広告を、私たち自身が意識的であれ無意識的であれ、受け入れ、受容し、また自発的であれ強制的であれ、みずからそのテクノロジーの使い方を習得して新たな身体行為を組織していくことも、情報社会が成立する上でなくてはならない重要な側面としてある。というのも、すべての成員が電子メディアへの関心とその利用を切実なものと感じているわけではなく、それだけに、これらの社会層から新たな技術を受け入れる幅広い支持を取りつけながら、新たな社会編制の内部に彼らを引き入れていかなければならないからである。情報社会が成立するためには、電子メディア機器が配備されるだけでなく、このテクノロジーを社会にとって有効なもの、利便なもの、さらに場合によっては「未来社会を造形する」ものとして表象し、積極的に位置づけるような、膨大な言説が組織されねばならないし、さらにそうした言説の受容を通して、個人の動機づけ、合意の調達、行為の調整や再組織化を図る必要があるのだ。いわば、電子メディアの技術的開発のみならず、それを社会システムに不可欠なツールであると位置づける言説を生産すること、そしてメディアを間接あるいは直接に身体的行為に接合することで新たな社会関係を構成すること、といった複雑な社会・文化的プロセスなしに、「情報化」は進行しないのであり、情報社会が情報社会としての機能を十分に発揮することはできないのである。

これまでの論述から明らかなのは、情報社会を構成する種々の電子メディアのシステムが、たんに物的に存在するだけではなく、個人の日々の行為連関を再編制し、出来事を継続的に生成するスペースが編制されることによってはじめて、情報社会は情報社会として成立するということだ。繰り返し強調するならば、テクノロジーの開発と導入といった事柄のみでは「情報化」は生成しえないのであり、開発と導入を推し進め、身体行為と電子メディア・システムを結び付ける社会的なメカニズム／社会的な力が存在してはじめて「情報化」が成立するのだ。では、以上のような意味で、情報社会といわれる現代社会に特有の行為連関を再編制し、出来事を継続的に生成する構造をつくりだしてきたパワーとはなにか。私たちはここで、コンピュータ開発を促した社会システムの欲望や利害関心、そしてそれら利害関心が生まれた社会的コンテクストを、第二次世界大戦期まで遡って考える必要がある。

二　メディア・テクノロジー開発の社会的文脈

政治的・軍事的コンテクスト

情報通信テクノロジーの開発を推し進め、さらに開発された技術とその製造技術の改良を推進した背景にいかなるメカニズムが存在したのか。またこの高度なテクノロジーに見合った社会的な行為やふるまいを組織し、編制し、配置した力はなにか。この問題を考えていくためには、まずなによりも、情報社会といわれる社会システムの成立の物的基盤をなすテクノロジー、とりわけコンピュータ技術の開発とその産業化が、誰によって、どのような狙いで行なわれたかを考えてみることが必要だろう。複数のエージェント間の複雑な関係の下で展開されたとはいえ、コンピュータとデジタル通信技術の開発を常に牽引し、この開発と産業化のプロセスを特徴づけた、少なくとも三つの構造的要因がある。

第一は、冷戦下におけるグローバル・ポリティクス、特に米国政府の国家戦略と深く結びついた軍事技術の開発であり、第二は、資本主義経済のリストラクチャリングと一般に指摘される七〇年代以降の新たな世界資本の動向、そして第三は、各国の情報化政策を具体的かつ構造的に水路づけてきたネオ・

リベラリズムの主張である。

第一の問題から検討しよう。コンピュータ開発を振り返るさいに忘れてならないのは、それが、第二次大戦とその後の冷戦体制という国際的な政治状況に深く規定されていたという事実である。とりわけ、多くの論者が指摘するように、一九四〇年代から五〇年代における情報テクノロジーの開発と軍事技術の開発を切り離して考えることはできない(5)。

H・H・エイケンがハーバード大学においてIBM社と共同で大型リレー式計算機MARK1を開発したのは第二次世界大戦の最中の一九四四年である。その目的は敵国軍隊の位置を正確にしかも高速で計算することにあり、そのための莫大な開発費は軍の投資によるものであった。またペンシルヴァニア大学の研究グループが弾道計算のために完成させた最初のコンピュータといわれるENIACは米国空軍の資金援助による。こうした事例を挙げればキリがない。一九四〇年代後半にAT&Tベル研究所で最初のゲルマニウム・トランジスタが開発されたが、固体物理学の研究から直接に発展したこの研究に投資したのも軍である。「値段が高く生産量の少ない部品に軍が初期の投資をしなかったならば、半導体を大量生産できるところまで製造技術を改善するのに、何年も余計にかかったかもしれない(6)」とまでいわれている。しかも、このトランジスタが市場に供給されたばかりの最初の五年間に、この新しい装置を大量に購入したのも陸軍の通信隊であった。新しい技術開発にとどまらず、この新しい産業分野を育成したのも軍であったというわけである。半導体素子の開発にも軍が深く関与している。上記のトランジスタの開発を手がけ、また東海岸からシリコンバレーへの技術移転を図ったことで有名なのは、W

・ショックレーである。彼の弟子たちが設立したフェアチャイルド・セミコンダクター社とテキサス・インスツルメンツ社が、それぞれ独立して半導体素子を開発した。一九六一年のことである。それは、陸軍ではなく空軍の助成金によるものであり、狙いは大陸間弾道弾の弾頭のなかに複雑な誘導システムを搭載することであった。さらにいえば、周知のように、インターネットも一九六九年アメリカ国防総省の高等研究計画庁ARPAからのプロジェクトとして軍事的な必要性から開始され、その後、軍事と巨大なサイエンス・コーポレーション、そして後述するカウンター・カルチャーという三者による「ユニークな融合」によって結実したものだった。(7)

情報化の条件の一つは、いうまでもなくいま述べたような、コンピュータの技術基礎をつくりだしたトランジスタや半導体素子、そしてネットワーキング技術の開発である。これらの技術が開発されるとともに、製造技術が改良され、産業として成立して、はじめて情報化が可能となる。これら一連の過程を牽引したもっとも大きなエージェントの一つはまぎれもなく米国政府と軍であった。今日、テレビゲーム、コンピュータ・グラフィック、電子音楽などのメディアをつうじて日々私たちが消費する映像や音声ばかりが前景化し、コンピュータと通信技術の本質的な機能が社会システムと人間の行為の合理的な制御にあることが押し隠されてしまいがちである。けれども、電子メディア・テクノロジー開発の根底に高速度の計算とそれにもとづく制御をめざす利害と知が存在することを見過ごすべきではない。「ベトナム以来、戦争は本質的に電子技術的なものになり」、「軍事科学複合体と軌を一にする科学の軍事化と、軍事情報複合体と軌を一にするあらゆる情報の軍事化」が進行しているとヴィリリオは指摘し

(8)たが、情報社会の成立を支えたもっとも大きなパワーの一つは、軍事的戦略に直接結びついた、管理と制御のテクノロジー開発をめざす企業・政府・軍の利害であった。しかも、この管理と制御という問題は、後述するように、たんなる軍事上の問題である、あるいは情報技術の開発が政府と軍によって進められた過去の時期の問題である、と単純に把握するわけにはいかない。むしろきわめて今日的な問題を提起するものと考えるべきだろう。というのも、世界的規模での情報収集／盗聴と分析を行なっているとされるエシュロンが話題となっているが、そのこと以上に、むしろ人工衛星の半数以上が軍事用衛星として活用され、このシステムが世界中の情報を集中して「情報戦争のテクノロジー」「戦争管理方式」として機能しているといわれる、現在の国際政治の技術的基盤を問題とすべきだろう。さらにいえば、湾岸戦争をリアルタイムで、しかも米軍の徹底した情報管理の下に伝えたＣＮＮの映像が明瞭に示しているように、世界システムの中心に位置する国家の軍事戦略と情報システムが密接に結びつくなかで、世界的な規模で人々が共有するスペクタクル的映像が、諸個人の政治的・文化的な位置を再編し、世界感覚を根底から大きく組み換えている問題も見過ごすことができない。メディアのグローバル化にかかわるポリティカル・エコノミーの問題ないしグローバル・ポリティクスの問題と主体の新たな空間的・地政学的な布置の問題と関連づけながら考究することが求められているのだ。

軍事戦略、ビッグサイエンス、カウンター・カルチャーの交叉

情報社会の成立を支える基本技術の開発とそれを基盤とする産業の構築が国家間の対立とその下での

国家の軍事戦略と深くリンクしていたと述べてきたが、もちろんその点を指摘するだけでは不十分だろう。ペンタゴンのマイクロ・エレクトロニクス産業への介入と資金提供は引き続き行なわれたものの、一九七〇年代に入り、コンピュータの技術開発の方向をコントロールする力は、ペンタゴンから民間経済へ、東海岸から西海岸へと移行し、これまでとは異なる文化的・経済的環境のもとで技術開発がなされたからである。それを象徴する出来事が一九七一年のマイクロ・プロセッサの発明である。発明したのは、その当時、軍とはまったく関係のなかったインテル社であった。このマイクロ・プロセッサを基盤にマイクロ・コンピュータを設計しはじめた愛好者のグループ、HOME BREW COMPUTER CLUBの中に、パソコンをはじめて制作したE・ロバーツ、アップルを立ち上げたS・ウォズニック、そしてビル・ゲイツらがいたことはよく知られているとおりである。このグループには、「自分自身を自由に表現するメディア、科学を民衆のものに」といったスローガンに代表される「カリフォルニアの文化的ボヘミアニズム」の考え方が存在したといわれている。当時のスタンフォード大学内外の反ベトナム戦争デモに象徴されるカウンター・カルチャーと近い知的環境の中から生まれた彼らの初期の実践は、これまでのコンピュータ開発と政府や軍との深いかかわりを嫌い、「反中央」「反管理」の理想を「自己表現のためのコンピュータ」の制作で具体化しようとした。彼らのこうした実践によって、大型コンピュータの開発と製造を柱としたそれまでの電子産業が根底から変容を迫られ、今日のパーソナル・コンピュータの隆盛がもたらされたことを考えるならば、彼らが果たした役割はきわめて大きいといえる。だが、M・カステルが指摘するように、「このカウンター・カルチャー的なアプローチが逆説的に水平的

なネットワーク構築をめざす軍事戦略と同じ効果を発揮した」ことも確かである。(9)

さらに、シリコンバレーを中心とした巨大なメディア産業の急速な発展が、パーソナル・コンピュータの開発にコミットした人たちに共有されていた「カリフォルニアの文化的ボヘミアニズム」とはその内実を大いに異にする思想を醸成したことにわれわれは注目すべきだろう。一九七〇年代の西海岸のシリコンバレーには、認知科学者、ソフトウェア開発者、ゲーム開発者など多数の知的な技術者が集まった。この新しい電子メディア産業に集まったこのような技術者は、従来のブルーカラーとも、ホワイトカラー層とも異なる労働環境のもとに置かれていた。雇用期間をあらかじめ限定した契約、相対的に高い年収、さらにフレキシブルな勤務時間制度にみられるような自己の仕事に対する自律性の高さなどである。このような労働環境を背景として次第に「語り出された」のが、カステルが指摘する「カリフォルニア・イデオロギー」である。それは、知的な創造性をもつ、高収入の、「市場から自由な個人」が誕生しつつあり、彼らこそがこれからの経済的発展の原動力である、という言説であった。当時のシリコンバレーには、厳しい労働環境と低賃金の数多くの移民労働者が存在し、極端な階層分化が進行していたことを考えるなら、この言説は明らかにイデオロギー的な機能をもっていた。だが、このアメリカ発の言説が、世界各国で声高に唱えられたネオ・リベラリズムと強い親和性をもちながら、来るべき情報社会を造形する有力な言説となったのである。

このように見てくると、一九七五年のマイクロソフト社の設立、七六年のアップル社の設立に象徴される七〇年代から、アメリカの市場でパソコン市場がメインフレームのそれを越えた九〇年前後（アメリカの市場では八七年、日本では九三年である）までの時期が、情報化のその方向を規定したという意味で決定的に重要であったといえる。政府や軍組織、さらに大学や巨大企業などごく限られた一部の組織や人々の関心でしかなかった情報テクノロジーが、ダウンサイジングと呼ばれる技術革新を通じて、生産ラインや金融や交通システムの制御にとどまらず、社会空間の全域をカバーするまでの技術力に達したからであり、同時にそれを社会の内部に編制するに際して人々の合意を調達する有力な言説が次々と編制されたからである。ベルの『脱工業社会の到来』の刊行が一九七三年であり、トフラーの『第三の波』の刊行は一九八〇年である。本章で述べてきた事柄に即して言い換えるなら、この七〇年代こそが、「情報社会」という社会システムの新たな作動の水準を可能とするようなフォーマットが次第に編制されはじめた時期であったと位置づけることができる。

ところで、カステルやD・ハーヴェイらは、こうした情報テクノロジーの開発が、たんなる開発にとどまらずに、電子メディア産業として成長し、巨大なマーケットを形成するに至った背景に、「資本主義のリストラクチャリング」という経済構造の歴史的変化があることを指摘した。カステルによれば、資本主義の生産モードは、この時期に「情報的生産様式」と呼びうる段階に入り、「フローの空間」「タイムレス・タイム」と彼が概念化した、個人の身体や行為のありようを根本から変革するような時空間の新たな編制がなされたという。「情報化」における権力の作用を考察する上できわめて重要なこの問題を詳細に検討する必要がある。

資本主義のリストラクチャリング

カステルは、一九七〇年代に始まる「資本主義のリストラクチャリング」という経済構造の変化と情報テクノロジーへの収斂が、資本主義の新たな生産モードとして「情報的生産様式」を構成したことを強調する。彼によれば、「情報経済の成立はテクノロジーの革新のプロセスに依存するのではなく、そのプロセスと関連した新しい組織化の論理の展開によって特徴づけられる」のであって、重視すべきは「情報経済の歴史的な基盤を構成する新しい情報パラダイムと新しい組織化との結合であり、相互作用[10]」である。では、新しい組織化の展開を促した「資本主義のリストラクチャリング」とはなにか。また、そもそも新しい組織化とはなにか。それは、電子メディアと身体的行為の新たな編制、新たなフォーマット化とどうかかわるのか。カステルの指摘を整理しておこう。

資本主義のリストラクチャリングとは、ハーヴェイが『ポストモダニティの条件』で詳細に論じたように[11]、資本の蓄積過程にみられる利潤率の低下という危機を乗り越えるべく、七〇年代以降に採用された新しい生産システムの構築過程を意味している。一般に「フォーディズムからポスト・フォーディズムへ」「フォーディズムからフレキシブルな蓄積へ」と一般に総称されるこの変化の根底に、それぞれ相互に関連しあう三つの要因がある。第一に、「消費社会」の成熟による消費者ニーズの多様化や変化の速さといった条件のもとで需要を量的にも質的にも予測することが困難になったこと。第二に、市場がグローバル化して世界的規模にまで拡大したために市場のコントロールが事実上困難になったこと。第三に、以上二つの要因が重なりあうなかでスケールメリットを可能にした諸条件が変化し、単一の目標に合わせた画一的な生産様式が旧式となったことである。[12] こうした問題を解決し、世界的規模まで拡大した企業活動が個々のローカルな市場の特性と多様化した消費者のニーズに対応するために、迅速なマーケティングや、柔軟にしかも高速に処理できる生産システムを構築することが必須の課題として提起され、そのための重要な装置として導入されたのが電子メディア・システムである。

具体的に指摘しておこう。七〇年代後半から八〇年代にかけて日本もふくめ欧米で「消費社会論」が経済／社会現象を読み解く有力な「論」として受け止められ、「消費」が社会システムにとって卓越した意味をもつものとして位置づけられた。だが、商品間の微妙な差異と選択にもとづく「消費」が社会生活上の重要なキーワードとなるためには、その前提条件として、「多品種少量生産」「多品種変量生産」を可能にする柔軟な生産システムが必要となる。そのフレキシブルな生産システムを構築するために必要不可欠なテクノロジーして導入されたのが、数値制御機械、フレキシブル製造システム、産業ロボットであり、さらに設計部門と製造部門を一体のシステムとしたコンピュータ支援設計システムやコンピュータ支援製造方式として具体化された情報通信技術であった。これらマイクロ・エレクトロニクス技術は七〇年代半ば以降急速に普及し、従来の工作機械を量的にも凌駕していくことになる。また、この生産様式に対応した、高速でしかも柔軟な流通システムの構築や業務の効率化をめざしたオフィス・オートメーション化もなされなければならなかった。「輸送の小口化、多頻度化」「定時輸送」の必要性に応えるべく自動化機器の導入が計られ、ジャストインタイム輸送や在庫管理の徹底など、流通システムの高度化・情報化が促されたのである。言い換えれば、この経済的・文化的な変容に大きく規定された既存の生産や流通分野の変化と、それに連動した通信やソフト生産などの新たな電子メディア関連分野の市場拡大こそが、電子メディア／情報通信産業が産業としての基盤を確立していく上でもっとも大きな要素であった。そしてこのような生産と流通と管理、そして消費の過程全体の変容から生み出されたのが「新たな組織化のモード」である。ハーヴェイによれば、ネットワーク、ネットワーク社会、と概念化されるような社会的関係、これが新たな組織化のモードにほかならない。

カステルは、この組織化のモードが、「さまざまな文化的そして制度的なコンテクストの下で、さまざまに異なる形態として現われる」ことを強調する。東アジア圏、日本、イタリア、アメリカなど、それぞれの経済的・文化的・社会的文脈に応じて、巨大企業間の戦略的同盟とでもいうべきネットワーク、香港の小企業に典型的にみられる家族・親族を核としたネットワーク、日本の「トヨティズム」に典型的にみられる新しい管理技術としての「垂直的ではあるが統合された形ではない企業間のネットワーク」、さらに資金調達、生産、市場での販売といった各セクター間の企業内／企業間ネットワークなど、多様なネットワークの形態がある。だがその一方で、「情報経済における組織調整の共通性」が存在する。この「共通性」こそ、彼が指摘する「ネットワーク」であり、そこには明らかに以下のような共通の特徴がみられるという。

第一は、「異なる形態で異なるコンテクストで存在しているものの、垂直的に統合された企業体から分散した企業内諸単位の組織的ネットワークへの転換、あるいは企業の戦略的同盟が引き出す相互に交錯するネットワークへの転換」がある。

第二は、仕事や運営に即してそれぞれが連携することを担保する技術的なツールたる、通信ネットワーク、デスクトップ・コンピュータ、移動体通信装置、自己進化するソフトウェアの存在がある。

第三は、生産と流通と市場、そして資本と情報の投入に関する継続的な再評価を強いるグローバルな競争の存在である。

そして第四は、「東アジアのように、新しい経済が離陸した段階での開発国家」や「ヨーロッパのEUに見られる協同の機関としての国家」、また「技術革新が可能となるような環境を効果的に創り出すために、地方の行政府による支援を必要とする場合にその調整を行なう機関としての国家」、さらに「国民経済や世界経済の秩序をコントロールする使命感に燃えたメッセンジャーとしての国家」など、その性格と機能を異にするとはいえ、ビジネス・ネットワーク構築の際に欠くことのできない役割を果たしている国家の存在である。(13)

カステルは、こうした共通の要因から構成されたネットワークの成立が、「このネットワークを支配しかつ形作る社会的実践によって特徴づけられる新しい空間形態」、すなわち「フローの空間」を構築していると指摘する。資本のフロー、情報のフロー、組織的な相互行為のフロー、さらにイメージ/サウンド/シンボルのフロー、これら複数の要素の総体からなる「フローの空間」がわれわれの経済的・政治的、そしてシンボリックな生活をコントロールし、情報時代の支配的な社会的実践となる。言い換えれば、「サイバー・スペース上のコンピュータによって現実をリアレンジすることで創造されたヴァーチャルな経験」は「けっして空想ではなく」、現実生活のあらゆる時点で経済的な決定を構成し、それを強化している点で「物質的な力」を内包しているのだ。

この「フローの空間」の構成に伴う、身体・行為の再編の問題については後述することとし、以下では情報化を推し進めたもう一つの社会的要因を検討する。それは、ネットワーク社会の成立にかかわる四つの要因としてカステルが最後に言及した国家の役割、つまりネオ・リベラリズムの理念に沿った政策である。

ネオ・リベラリズムの台頭——通信／放送分野の構造的変化

カステルやハーヴェイが注目するように、情報テクノロジー分野が「産業」としての確固たる基盤を築き上げる上で、「資本主義のリストラクチャリング」という資本のグローバルな運動が決定的な意味をもっていた。しかしながら、この過程で見過ごせないのは、資本の戦略のみならず、それと一体となって、国家政策の原理として登場したネオ・リベラリズムの言説が、ナショナルなレベルでも、グローバルなレベルでも、電子メディア・テクノロジーの社会的配置／編制にとってきわめて重要な機能を果たしたことである。各国で規制緩和・市場開放といったスローガンのもとで、民間企業の経済力を活用するために規制を緩和し市場原理にゆだねることが消費者の利益につながるとの理由から、「産業の情報化」「情報の産業化」が急速に推し進められた。世界資本のパワーと市場主義の言説が、もっとも深く、直接的な影響を及ぼした分野の一つである通信と放送、そしてメディア産業分野で生じた変化を具体的に見ておこう。

本格的に情報化が始まる一九八〇年代は、イギリス、アメリカ、そして日本でも、規制緩和が一斉に叫ばれ、実行された時期でもある。イギリスではBT民営化と競争政策の導入が行なわれ、時を同じくしてアメリカでは八四年にAT&Tの分割再編成が行なわれ、独占体制をとる地域通信分野と競争体制をとる長距離通信分野が分けられた。(14) それ以降、AT&Tがアメリカで第一位のケーブルテレビTCIを買収してAT&Tケーブルサービスを設立したことにみられるように、放送分野と通信分野の間の融合が一気に進むことになる。(15) 二〇〇〇年のAOLとタイムワーナーとの合併は、こうした動向をより一層明確に示すものであった。ドイツでも国営であった電気通信の公社化と併せて自動車電話や端末機器などの分野に競争が導入される。欧米諸国の放送通信制度の大幅な変化のなか、日本でも、臨調行政改革路線のもとに、国鉄ならびに電電公社の民営化が行なわれたのは八五年である。(16)

先進諸国で共通して実施されたネオ・リベラリズムにもとづく民営化と市場原理／競争の導入による公社独占体制の変革は、より広い視野からみれば、第一に通信技術の高度化によって通信サービスの多様化が可能となったこと、第二に経済システムがますます情報ネットワークに依存し、通信需要が増大し多様化したこと、第三にそのための弾力的な料金設定と公定制の廃止が求められたことなど、いくつかの要因に促された結果と理解することができる。とはいえ、その核心にあるのは、通信事業分野が資本投資の魅力的な対象として、資本の新たな展開のフロンティアとして、この分野が再編されたということである。

放送事業に関しても、同様の変化が生じた。イギリスでは、サッチャー政権下で、規制緩和と競争原理の導入が行なわれ、高帯域ケーブルの開始、ケーブル放送分野に対する外国資本参入規制の撤廃などの自由化、広告収入を財源とした非営利法人としてのチャンネル4の開設など、矢継ぎ早に改革が実行に移された。また九八年には、周知のように、地上波デジタル放送が開始され、同年にはすでに一九九〇年から衛星放送を開始していたB sky Bが一四〇チャンネルのデジタルサービス、Digital Skyを開始した。八〇年代前半まで主要なチャンネルといえば、BBC1、BBC2、ITVの三局であったイギリスの放送環境は劇的に変化したのである。

アメリカの場合には、イギリス以上の変化がみられる。とくに電気通信事業における規制緩和を目的として、通信事業者と放送事業者の相互参入を認め、ラジオ・テレビ局の所有制限を撤廃した、九六年の電気通信法の制定は通信と放送の障壁を突き崩して、電話、ケーブルテレビ、ネットワーク局、映画産業など、多様なメディア事業体の統合と再編を通じたメディア・コングロマリットの誕生を促す機能を果たした。通信と放送の分野は、高利益を確保できる格好の、買収と投機の対象とみなされている、といっても過言ではない。九六年以降の動向を見ただけでも凄まじいものがある。

三大ネットワークのABC、CBS、NBCについていえば、ABCは九六年にディズニーに買収され、CBSは九六年にウェスティングハウス社に買収された。しかしその後、CBSのケーブルオペレータ部門を母体に誕生したのち、パラマウント社とビデオレンタル最大手のブロックバスターを買収したヴァイヤコムによってふたたび九九年に買収される。NBCは、すでにGEに八七年に買収されている。この三大ネットワークのほかに、マードックが率いるニューズコープのテレビネットワーク部門として設立され九〇年代に入り急成長を遂げたFOX、ワーナーブラザーズのWBネットワーク、また、九一年にパクスンがフロリダの小テレビ局を買収してスタートしたPAXネットワークとユナイティド・パラマウント・ネットワークUPNが加わった。これを入れて、七つのネットワークがアメリカ全土の商業テレビの七〇%を傘下においていることになる。七〇年代に急成長したケーブルテレビも、次世代の情報通信インフラとしてふたたび注目を浴び、この数年の間に急速に再編が進んでいる。その象徴的な出来事が、すでに述べたように、九八年にケーブルテレビ事業最大手のMSO（Maltiple Systems Operator 複数のケーブルテレビ・システムの所有・運営会社）であったTCI（Tele-Communication Inc. タイム社の子会社で、八〇年代にすでに加入世帯は三〇〇万に上った）をAT&Tが買収した「事件」であり、二〇〇〇年のタイムワーナーによるAOLの買収劇であった。

このような映画産業とテレビ局との間で、さらに通信事業者とケーブル放送事業者との間で、買収や合併あるいは提携がなぜこれほどまでに頻繁に行なわれるのか。そのもっとも大きな理由の一つは、情報通信技術の高度化によって、情報・番組など各種のソフトをグローバルにデリバレートできる回路が多元化したことで、この分野が巨大な市場として見直されたことである。このことは繰り返し強調されてよい。たとえば、一本の映画ソフトが、劇場公開、ビデオレンタル、BSないしCSあるいはケーブルによる有料放送、ビデオ販売、地上波放送など、複数のルートで配給され、今後さらにブロードバンドや光ケーブルといった高速大容量の通信回路の整備が進むならばインターネットでも視聴可能になる。多種多様なソフトが複数の回路、複数の配給システムを通じて消費できる状況が成立し、この複数の配給システムから繰り返し利益を獲得できる構造がつくり出されたわけである。このことは、いわば「ハード」部門である配給システム（delivery system）を所有している企業にとっては、他の配給システムを統合するのみならず、多くのオーディエンスを引き付ける、再利用可能な「ソフト」を制作できる企業をその傘下に置くことがきわめて重要となったことを意味する。また逆に、ハリウッドのように「ソフト」制作のノウハウを蓄積した企業にとっては、できるだけ多くの配給システムを世界的な規模で確保することが成長の大きなカギとなる。規制が緩和され、市場原理が徹底された環境の中では、「ソフト」部門による「ハード」部門の取り込み、あるいはその逆の「ハード」部門による「ソフト」部門の吸収が進行したのである。それは資本の戦略としてある意味で避けられない流れであった。

この政策上の変化は社会システムになにを帰結させたのか。少なくとも二つの問題を挙げることができる。

第一は、上記した諸点からも理解できるように、グローバルに展開する巨大メディア企業の成立である。すでに指摘したＡＢＣとディズニーの合併（実際には後者による前者の吸収）による複合的なメガコーポレーションの誕生は、マルチメディア・ビジネスに既存のテレビを融合／統合していく転換点を象徴的に表わす出来事であった。Ｄ・クロテーウとＷ・ホーネスによれば、こうしたメディアの「統合」「複合化」が、「垂直的な統合」と「水平的な統合」の同時的な進行によって特徴づけられるという。(17)「垂直的な統合」とは、たとえば映画会社による映画館やビデオ・レンタルショップの系列化といった事例に典型的にみられる形態であり、「水平的な統合」は音楽分野と出版分野と映画産業といったこれまで異業種と考えられてきた産業間の統合である。その二つの過程の同時進行によって、この二〇年足らずの間に特定の産業分野が少数の巨大企業によって寡占化される事態、そして企業自体の複合化という事態が生起したのだ。ビッグシックスといわれる六つの巨大なメディア複合体が、アメリカ市場の九〇%、ヨーロッパ市場の六〇%以上のソフトを配給していると言われる音楽産業のグローバルな構造変化は、この間の変化をもっともよく示している(表1参照)。また表2は、音楽産業を超えてエンターテイメント産業分野で世界第一位の収益を上げているベルテレスマン(Bertelsmann)の「複合化」した企業戦略を示したものである。このように、新しいメディアと通信システムの制度的な編制は、一般に文化のグローバリゼーションと指摘されるようなさまざまなソフトの地球的規模での移動や流通様式の変革を促し、基本的にはナショナルな空間を一元的に構築してきたブロードキャストをも巻き込みながら、新たな文化の生産と消費の空間的再編成を迫っているのである。

第二は、メガメディア・コーポレーションの成立と矛盾するかに見えるデリバリーシステムの多様化がオーディエンスの社会的位置をきわめて複雑なものにしていることである。F・サバはかなり早い時期の分析のなかで、多様なメディア・システムの構成によって「オーディエンスが、彼らの受け取るメッセージが同時的で画一的だという意味でのマスオーディエンスではなくなること、さらに新しいメディアが、限定された数のメッセージを、同質的なマスオーディエンスに送る、という伝統的な意味でのマスメディアではなくなる」[18]と指摘し、「マスオーディエンスの死」を予測していた。だが、事態はそれほど単純に進行しているわけではない。D・マックウェルが言及するように、メディアの分散化・

Music Companies, 1996

Thorn-EMI	Polygram (Philips)	MCA Entertainment (Seagram)
■ Angel Records ■ Blue Note Records ■ Capitol Nashville ■ Capitol Records ■ Christian Music Distribution ■ Chrysalis Records ■ EMI Latin ■ EMI Records ■ Guardian Records ■ I.R.S. Records ■ SBK Records ■ Virgin Classics ■ Virgin Records	■ A & M Records ■ Atlas ■ Chronicles ■ Def Jam Records ■ Deutsche Grammophon ■ Go! Discs Records ■ Island Records ■ London Records ■ Margaritaville Records ■ Mercury Records ■ Motown ■ Polydor ■ Polydor Nashvill ■ PolyGram Classics & Jazz	■ Dreamworks ■ Gasoline Alley Records ■ Geffen Records ■ Giant Step Records ■ GRP Records ■ Impuse Records ■ Krasnow Entertainment ■ MCA Records ■ Radio Active Records ■ Silas Records ■ Universal Records ■ Uptown Records ■ Way Cool Records ■ 510 Records

Case of Bertelsmann

PRODUCT LINE	
GRUNER + JAHR (PRESS) (20% of total sales)	INDUSTRY (16% of total sales)
・Magazine (Germany) ・Magazines (international) ・Newspapers ・Trade	・Offset printing ・Rotogravure printing ・Paper production ・Distribution and services ・Special publishing

表 1　Select Labels at the "Big Six"

Warner Music Group (Time Warner)	Bertelsmann Music Group (Bertelsmann)	Sony Music Entertainment (Sony)
■ Asylum Records ■ Atlantic Records ■ Curb Records ■ Discovery Records ■ East/West Records ■ Elektra Records ■ Matador Records ■ Maverick Rcords ■ Qwest Records ■ Reprise Records ■ Rhino Records ■ Sire Records ■ Siash Records ■ Tag Recordings ■ Tommy Boy ■ Warner Bros. Records	■ Ariola Records ■ Arista Records ■ BMG Records ■ Iguana Records ■ In dolent Records ■ Laface Records ■ Private Music ■ RCA Records ■ RCA Vidor ■ Reunion Records ■ Windham Hill ■ Zoo Entertainment	■ Columbia Records ■ Epic Records ■ Legacy ■ Relativity Records ■ Sony Classical ■ Sony Music

出所：Croteau & Hoynes (1997:297).

表 2　Global Media : The Media:

BERTELSMANN	
BOOKS (32% of total sales)	BGM ENTERTAINMENT (32% of total sales)
・Book and record clubs (Germany) ・Book and record clubs (international) ・Encyclopedia publishing ・Hardcover and paperback books ・Professional and trade magazines Information services ・How-to books Cartography	・Record labels ・Music clubs ・Music publishing ・Licensing ・Storage medea production ・Commercial TV ・Pay-TV ・Film and TV productions ・Multimedia products ・Radio

出所：Croteau & Hoynes (1997:297).

多様化・専門化が実際に進行するなかでオーディエンスの視聴にも変化がみられるとはいうものの、それは「細分化」(segmentation)と「分極化」(fragmentation)と彼が呼ぶ複雑なプロセスを内包している。[19]彼によれば、「細分化」とは「特定の関心に特化した定期刊行物や単一のテーマに絞ったテレビ・ラジオチャンネルなど、メディアが提供する情報の特殊化によって、また特定のタイプの内容を選択する機会の増大によって、オーディエンスが同一性(homogeneous)を高める」過程であり、それに対して「分極化」とは「オーディエンスの注意がより多くのメディアソースに分散化していく過程」を指示しており、「理論的には多様化と個性化」をもたらし、「一つの社会的集合としてのオーディエンスの終焉」を帰結すると考えられる。メディアの分散化・多様化・専門化は、このようにオーディエンスの同一性を強化する方向にも、あるいは逆に差異化を高める方向にも、どちらにも作用する可能性や、同質化と差異化が同時に進行する可能性すらもっているのである。

また、規制緩和による市場の競争原理の強まりが、送り手の多様化・多元化を作り出す方向ではなく、むしろオーナーショップの集中化を招き、巨大なメディア・コングロマリットを組織する方向が強化されるなかで、グローバルな視点からみれば、地球的な規模でより大きなマスオーディエンスが成立していると見ることさえできる現状がある。

したがってここから指摘できるのは、一般にイメージされるような、同質的であるとこれまで考えられてきたマスオーディエンスの解体につながる単純なプロセスとして情報化が進行しているわけではないということだ。差異化と同一化、分極化と細分化、統合と分散といったアンビバレントな過程が生成しており、その複雑な過程に個人が組み込まれているのである。それは、言い換えるなら、地球的規模で情報を発信するメディアによって、グローバル／ナショナル／ローカルな空間が重層的に節合される過程、またその三つの位相がクロスする空間で個人や社会集団の社会的位置や行為そしてアイデンティティが個別具体的に布置化される過程でもある。

メディア・テクノロジーの開発と産業化、そして社会的導入にかかわる構造的な規定を大きく三つの側面からみてきた。一つは国際的な軍事戦略に深くかかわる国家と政府の関与という文脈であり、第二は資本主義のリストラクチャリングという歴史的な経済社会の変化というコンテクスト、さらに第三に情報テクノロジーの制度化に対してきわめて重要な役割を果たし続けているネオ・リベラリズムの言説の生産／受容の文脈である。こうした重層的な関係に規定されながら情報技術の開発と制度化が歴史的に行なわれてきたのであり、情報化を推し進めてきたパワーは、これら複数の社会的組織の連携や対抗関係のなかに読み取られるべきだろう。しかもそれは、出来事を継続的に生成する現代の権力のモードと乖離しているわけではなく、今まさに作動している権力のモードと確実にリンクしているはずである。以下では、歴史的な考察を離れ、いわば共時的な視点から、労働し生産する身体、消費する身体をともに貫いて作動する多様な権力のモードを横断的に読み解いていくことにしよう。

三　高速度社会システムの権力——時空間の変容

速度と権力

P・ヴィリリオは、現在のコンピュータと通信技術という高度な社会技術が生み出す新たな権力の問題を「速度」という側面から捉える。彼によれば、「速度というものは、富から切り離すことはできず」、「速度は権力そのもの」である。[20]「権力」と「速度」のかかわりを検討するために、いま少しヴィリリオの議論をみておこう。

産業革命後の、鉄道、高速道路、自動車、航空機と続く輸送革命が、社会の全域を産業的な速度の時間に組み入れ、国家間の戦争あるいは企業間の競争においても、物資や兵器や資源の高速の移動手段を持ち、それを駆使できる者が勝利する条件をつくり出してきた。たしかに資本やモノや人の高速移動を可能ならしめるテクノロジーの掌握が勝者につながる条件をなしている。「速度は権力である」という命題が、そうした事態を指していることは間違いない。しかし、ヴィリリオの議論からわれわれが読み取るべきは、モノの移動の高速化、情報伝達の高速化が個人の時間や空間に対する感覚や意識それ自体を組み換えていく、そうした変容自身が孕む社会的権力の再領域化の問題であるだろう。そのことを、彼は「速度によって新たな見え方と構想のしかたが与えられる」と表現する。[21]ここで指摘された「新たな見え方と構想のしかた」とは、では一体なにか。

個人の空間的な活動は一般に空間的な距離に依存している。しかし高速の移動と情報伝達の手段が登場するならば、個人の活動の広がりを規定するのは、物理的な空間の連続性ではなくなる。情報移送の時間とコストを劇的に縮減した高速度のデジタル通信システムは、これまでの空間的な制約を解体して、従来の距離と親密性との関係を揺さぶり、見当もつかないくらい遠い場所や人とのかかわりにわれわれを深く巻き込んでいくからである。高速の交通・通信網の整備は、自然地理的な距離によらずに、「時間距離」という新たな尺度を導入し、世界の見え方と構想の新たな視界を与える。この段階では、個人の身体が置かれた「いま／ここ」のリアリティよりも、あるいは移動可能な場所的・身体的空間のリアリティよりも、地球全体にまで広域化した電子メディア回路の内部に広がる「絶対速度」のリアリティの方が前景化してくることになる。

ヴィリリオは、この事態を「遠隔電波的現前」と呼ぶ。「遠隔電波的現前」の機能をもつメディアは、これまで確固として存在した場所に代わって、「身体の配置と位置づけを限定できない」メディア空間の内部に身体を再配備にすることによって、身体と世界との関わりをその根底から組み換えていく。また同時に、「遠隔電波的現前」によってローカルな時間の多様性を一掃する単一の世界時間が成立することで、「地理と歴史の深刻な喪失」が生じる。(22)「瞬間的電気通信技術が時間を圧縮した結果、地球自体(その現実の空間)が収縮」していく事態のなかで、個人や社会集団の行為を組織する権力が、空間支配にかかわる「地‐政学」の位相から「時‐政学」的な位相に移行した、とヴィリリオはいうのだ。またアンダーソンは、活字メディアの読書という共通の経験が「想像された政治的共同体」を組織したこと、それが近代国家成立の基盤にあると指摘したが、「時‐政学」的な位相とは、まったく異なる場所にいる社会集団でさえも時間を共有することである種の「共同性」を形成しうること、そしてこの形成する力こそが現在の社会的権力の主要なモードとなっていることを指し示している。

このようにヴィリリオの議論には「速度」の変化が個人や社会集団の行為の前提をなす時空間の枠組みの根本的な変容を引き起こしていること、さらに時空間の編制力が現在の社会的権力のありかたに決定的なかかわりをもっている、という鋭い洞察がある。とはいえ、彼の議論のなかで「空間の消滅」とでもいうべき事態を成立させる社会的メカニズムの問題が十分に解明されているわけではないことも明らかである。むしろその議論が欠落しているために、彼の議論は電子技術自体が権力装置であるかのごとき技術決定主義に傾斜してしまっているし、「空間の消滅」が均質に進行するのではなく、その過程でさまざまな社会的格差や差異、そして対抗の関係が顕在化していることが捉えられていないように思う。(23) この点で注目したいのは、時空間の変容という問題を、技術の側からではなく、社会システムの変化から分析を加えたハーヴェイやカステルの議論である。彼らは、すでに指摘したように、七〇年代以降のフレキシブルな資本の蓄積様式の出現という社会変化が「時間‐空間システム」の変容と深く結びついていることを洞察し、ヴィリリオが見た空間と時間の客観的性格の根本的な変化という過程を「時間‐空間の圧縮」(time-space compression)あるいは「フローの空間」(the space of flows)と概念化した上で、「フローの空間」と「リアルな空間」の齟齬と連接の複雑な関係を問題化した。

生産プロセスと身体行為の変容——モノ／記号／身体の再編の第一水準

資本主義は歴史的な展開の各段階に資本の蓄積に見合う輸送と通信のインフラストラクチャーを組織し、独自の「時間‐空間システム」を編制してきた。ハーヴェイによれば、「情報化」「グローバル化」とは資本蓄積の新たな展開過程に入ったことを示すものである。つまりそれは、文化的にも政治的にもさまざまに異なる社会を「世界市場」に強制的に編入して空間的諸関係を再編しながら、生産‐流通‐消費の循環過程の速度をできるだけ高速化し、資本蓄積の回転運動をかぎりなく短縮することをめざした新たな「時間‐空間システム」の編制である。「われわれが目にしているのは、資本主義の変遷を生み出す原動力の中心に存在し続けてきた時間による空間の絶滅の追求の過程のもう一つの強烈な段階」なのだ。[24] カステルは、すでに指摘したように、七〇年代に始まる資本主義のリストラクチャリングと情報的発展様式との両者が収斂した結果として新しい技術・経済パラダイムが成立し、「フローの空間」が社会的実践にとって決定的な重要性をもつこととなったと述べたが、ハーヴェイの視点によれば、この新しい技術・経済パラダイムが達成したのは「空間の絶滅」と形容されるほどの「強烈な」時空間の変容である。

しかもここで注視すべきは、「時間‐空間の圧縮」が世界的な規模で進むとはいえ、それはけっして均質に進むわけではなく、多くの論者が指摘するように、一方で人の移動、情報の発信と蓄積、資本の移動がそれぞれ不均衡に差異化を伴って再構造化されるプロセスであるとともに、また他方でこの再構造化が社会的・文化的・自然的・機能的な特徴をもった特定の場所に結びついた過程でもあるということだ。カステルはその点を強調するために、「フローの空間」が、テクノロジーと場所性、そしてさらにエリートの論理、という三つの要素の複合から成立していると指摘する。第一に、場所性をいわば無化する技術的インフラ、第二に、情報の流れの結節点をなすハブとノード（一般に、ハブは中継接続装置、ノードはコンピュータや端末の終端装置を意味する）の機能を保証する特定の場所の存在、さらにその空間において作動する支配的な管理エリートの論理、という三つの要素の複合である。[25] 情報社会の支配的なプロセスや機能を支援するこの空間は、「われわれの社会の空間の論理であるだけではなく」、「官僚・金融・経営エリートらの利害や実践を物的に支援することにかかわる特別の空間要求を持っている」。その点で、この空間は「社会の支配的な利害関係と機能の空間論理でもある」のだ。[26] そのために、「フローの空間」へのアクセスと参入をめぐるローカルな民衆と少数のエリートとの経済的・政治的格差が、非白人／白人、非西洋／西洋、といった人種的そして地政学的な境界設定を伴いながら、不断に析出され再生産される。

このように「時間‐空間システム」の劇的な変容は、ヴィリリオが言うように、電子テクノロジー自身が造形するのではなく、それをフォーマット化する社会的な力によって引き起こされていると見るべきだろう。一方では低所得階層の移民、外国人労働者のボーダレスな流入と移入、他方ではコンピュータ・コンサルタントや国際金融に携わるビジネスエリート層のグローバルな移動、あるいはまた一方で金融資本の地球規模での移動による巨額な収益の確保、他方で国際金融資本による一時的な投資と急激な資本引き上げによって生ずる第三世界の経済混乱、こうした事態が示すように、人・モノ・情報の移動の新たな不均衡を地球的な規模で現出させながら、「時間と空間の圧縮」が諸個人の行為と身体を現実に組み換えているのだ。

「フローの空間」の成立、「時間と空間の圧縮」という事態の成立は、その内部への編入を強いられた個人の身体や行為を具体的にどう編制し直しているのだろうか。効率化を最大限まで高めた組織としてカステルも言及したトヨティズムを事例に、この問題にアプローチした酒井隆史と渋谷望の論考を手がかりに考えてみよう。彼らによれば、「フォーディズムにおいては、労働者は実行過程に甘んじることで得られる生産性上昇の見返りとしての賃金上昇によって、ある程度の消費の自由を手に入れたが、生産はあるリジッドさを解消できないものとして存在していた。他方、ポストフォーディズムとしてのトヨティズムはこのジレンマを解消する」のだという。[27]どういった事態が進行しているのか。画一的な商品の大量生産段階では労働がフォーマット化されてしまい、効率性を高めるリジッドな生産システムがいわば個人の主体的関与の度合いを低減させるというジレンマを内在していた。しかし、七〇年代以降、「市場と生産はフィードバックのループを加速させ、消費があってからはじめて生産といったように、従来の時間の流れを反転するまでに」至る。そこでは生産と消費のフィードバックのループが構造化され、フレキシブルな生産が行なわれるようになる。この反転を可能にするのは、市場調査として、購買データとして概念化される、「情報」「コミュニケーション」である。こうした生産と流通と消費の加速化のなかで、個人はフィードバックされた情報を瞬時に解析し主体的にアクションを展開する、その意味で能動的に知性と創造力を発揮することを執拗に求められる「情報労働者」「知的労働者」の相貌を帯びることになる。労働者は労働生産過程において、「主体になれ」「主体的に行動せよ」とつねに命令される、パラドキシカルな状況に立たされるのだという。ここには、フォーディズム段階とは明らかにその身体的行為を組み換えざるをえなくなった生産する主体／身体が産出されている。

このような指摘は、生産過程における時間管理の変化を論じるカステルの認識とも重なる。彼はいう、「フレキシブルな管理システムはフレキシブルな時間の管理に依存している。たとえば、生産と利潤の回転率を加速させたり減速させたりする能力、設備と個人の時間管理、競争に打ち勝つために有効な技術開発のタイムラグの管理などである。時間は価値の源泉として管理される。だがそれは、大量生産にみられるような単線的な時間の流れに沿った時間管理のやりかたではなく、他の企業、ネットワーク、プロセス、生産物といったさまざまな要因との時間的かかわりのなかで、これまでとは異なる要素として管理されるのである」。こうした時間管理の下での生産システムに「伝統的な労働の規律管理は合致しない」、「その代わりに、優秀な労働者は、フレキシブルなやりかたで自己の労働時間を管理するように求められる。ときには労働時間を延長したり、スケジュールを柔軟に調整したり、場合によっては労働時間を短縮したり、である。この新しい労働のタイム－オリエンティドな管理」はアーリが示唆したように「ジャスト・イン・タイム労働」と呼びうるだろう(28)」。

こうした個人の身体的振舞いと行為の具体的な変容は一部の生産分野に限定されるものではなく、グローバルな資本の移動を保証する高速の「フローの空間」の組織化によって、流通・輸送・金融などあらゆる領域で顕在化していると見るべきだろう。「輸送の小口化」「多頻度化」「定時輸送」は、接続された携帯端末からの情報の出入力とその主体的な処理を個人一人ひとりに課すことなしには不可能だ。あるいは、国際金融の緩和、新しい経営技術、そしてグローバルなデジタル通信システムという三つの要素が結合するなかで成立した国際金融市場では、コンピュータのスクリーン上に流れる情報に対して個人が自己責任の下に秒単位で判断を下し、巨額な資金の「売り」「買い」が行なわれている。あるいは、短期の雇用契約のもと、フレキシブルな勤務時間体系で、一見すると「自由」に勤務しているかにみえるプログラムソフトやゲームソフトの制作者が存在する。工業化段階の労働であれば、工場やオフィスといった一定の場所や時間帯に囲われ、厳密な規制と管理を受けていた労働身体は、電子メディアに接続されたこの新しい労働のフォルムの下で、特定の空間、特定の時間に拘束されることのない、しかも「抑圧」であると感覚されるにはあまりに中和化され、ソフト化されているようにみえる、新たな空間に配置される。

このようにみてくると、情報社会をまさに情報社会として可動させるという新しい課題のもとで、身体・労働・振舞いの再編制がもっとも重要な課題として推し進められ、また実際に、高速度社会システムが実現する「時間‐空間の圧縮」に見合う身体的行為がフォーマット化されていることが理解される。その過程で重視されているのは、個人を、情報を能動的に処理し、自己責任を全うする、「個」として再組織化すること、この点に新たなフォーマットが設定されていることである。私たちはここであらためて、こうした課題を遂行し、社会システムの新しい「実定性」を構築した主体はだれか、を問うべきだろう。

四　メディアのグローバル化と身体の地政学
――モノ／記号／身体の再編の第二水準

メディア・コングロマリットの成立と文化のグローバル化

情報社会が成立する社会的コンテクストを構築した世界資本のパワーと市場主義の言説は、この二〇年たらずの間に急激に変化したメディア産業とメディア環境に無縁のものではなく、むしろこの分野に対してもっとも深く、直接的な影響を及ぼしてきたことは、すでに指摘したとおりである。アメリカ、イギリス、日本など各国の制度、さらにそれを支える理念、そして文化の違いに応じて、メディア産業とメディア環境の変化はそれぞれ異なっている。しかしながら、コンピュータとデジタル通信技術の高度化とそれに対応した制度改革の方向は、個々の点でさまざまな違いがあるとはいえ、その基本的な方向では日本そして欧米諸国でほぼ共通であった。それは、規制緩和というスローガン・言説のもとに、メディアの文化空間を市場原理に委ねるべきである、とする強い意向である。

一方で情報通信システムのグローバル化がもたらす「多元化」と「多様化」、他方でこの変化の背後で進行するメディア産業の「複合化」「統合化」そして「巨大化」。この一見すると相反するような事態の下で、ソフトの生産はどう変化しているのか。さらに、情報の生産と消費のプロセスを通じて、オーディエンスと概念化される個人の社会的位置、社会的行為、そして彼らの経験、彼らのリアリティの感覚はどう変容しているのか。すでに見たように、ビッグシックスといわれる六つの巨大なメディア複合体が世界市場をコントロールしている音楽産業を事例にみておこう。

クロテーウとホーネスは、印刷メディアのような特別のリテラシーを必要としないために、国家的・文化的境界を比較的容易に越えることのできる音楽に焦点を当てて、生産と消費のプロセスを分析している。興味深いのは、音楽という文化商品のグローバルな流通が三つの構造的な特徴をもつものとして捉えられていることである。[29] 一つは、ラップ音楽の世界的流行現象、あるいはこの一〇年近くメジャーな音楽勢力としての位置を保ち続けているジャマイカのレゲエに代表されるように、かつて特定の文化圏、通常は国民国家を前提とした文化的境界の内部に閉じられていた音楽が、異なる文化圏においても容易に聴くことのできる環境が成立したことである。異なる文化との出会い、異文化の消費経験の広がり、これが文化のグローバリゼーションの第一の側面である。しかし、文化＝音楽のグローバリゼーションはこれにとどまらない。「音楽要素の交換」とでもいうべき第二の側面があるという。たとえば、現代のアフロ（アフリカン）ポップスは伝統的なアフリカ音楽の古いメロディーにロックンロールのエレキギターのサウンドをしばしば組み合わせている。つまり、一つあるいはそれ以上の文化要素を別の文化の文脈や要素に合体させ、接合させるなかで、新たなサウンドが生成する。アフロ（アフリカン）ポップスも、ロックも、それぞれ独自の特徴的なサウンドではあるが、その中には同時に多くの異質な要素が組み合わされ、新しい展開が生み出されているというのである。第三の展開は、多くの文化の合併とでもいうべきハイブリッドなサウンド形態の生成である。さまざまな民族の楽器を多用して演奏されるサウンドは、漠然とエスニック（民族的）サウンドの様相を呈してはいるものの、なんらかの特定の文化に根ざしているわけではない。こうした合成が、異文化の統合を現わしているのか、同質的な混合へと溶解しているのか、見方は分かれるが、ここにはいまやまったく新しい文化的交叉がある。

このように彼らの分析が示しているのは、メディア産業の「統合化」「複合化」のなかで進展する文化のグローバル化が、トムリンソンが「文化帝国主義」の見地を批判したように、西欧化された、より端的にいえば、アメリカナイズされた文化の一方的な拡大を帰結しているわけではないし、これら巨大なメディア産業によって産出された文化が画一的に消費されているわけではないということだろう。ローカルな文化や市場に根ざした特色ある文化的な営みを背景に多様な形で生産され受容されているのである。しかしより詳細に見れば、そこに世界システムの中心に位置するメディア・コングロマリットの多様な戦略が存在していることも明らかである。

たとえば、ほとんどのメディア・コングロマリットは、海外のローカル市場に二つの異なる戦略で対応している。第一に、多くの場合、西洋の世界的なスーパースターをローカル市場で宣伝し流通させるグローバルな戦略がある。第二に、ローカルな文化やローカルな市場にこれまで存在した文化資源を有効に活用するために、メディア・コングロマリットがローカルな市場に直接（系列化という形で）、あるいは間接（資本提携という形で）に参入する、という戦略である。そしてこのローカルな市場から「発掘」された、または「育成」された有力なソフトは、グローバルな市場へ輸出され、メディア産業にとって魅力ある商品として世界市場で販売される。こうした戦略は、なにも音楽産業にのみにいえる事柄ではなく、衛星放送でも映画産業でも、同様に指摘できる。つまり、文化のグローバリゼーションのなかで多様な文化の生産・流通が見られるとはいえ、世界のマーケットにさまざまな文化がすべて平等に登場しているわけではなく、そこには一部のごく限られたメディア企業による選択と排除のメカニズムがはたらいており、ローカルな市場でさえこのグローバルに展開するメディア企業の影響を逃れることができない、そうした構造がつくりだされているのだ。多様性を生み出す、一元的なシステムとでもいうべきか。もちろんそれが、英語文化帝国といった事態の成立を直接に意味するわけではない。しかし、こうした構造的な布置から見えるさまざまな問題が指摘されてよいだろう。(30)

問題は、音楽ソフトのみならず、どの社会集団もが、どの国もが、自由に、平等に、国際的に価値のある情報や文化を生産し発信できるわけではないという事実である。情報を選択し発信できる政治的な力や資本力という基本的な構造に関していえば、メディア産業の「集中化するオーナーシップ」(centralized ownership)はこれまでには見られないグローバルな「格差」を産出しているのである。より深い検討を要するのは、CNNが象徴するような、ボーダレスに情報を発信し伝送するグローバルなメディア・システムによって、文字どおり地球的規模での文化の地政学的な再編の過程が、ある偏差や格差を伴いながら確実に進行していることだ。新たなメディア・システムが、ローカル/ナショナル/グローバルという異なる位相を重層化させながら、異なる場所で生活するさまざまな社会集団を特定のシステムに抱摂し、あるいは排除する事態がいま急速に進展している。

グローバル化のなかの政治文化

情報テクノロジーの革新に伴う時間空間の圧倒的な圧縮現象は、「資本主義のリストラクチャリング」以降のグローバルな世界資本の展開と同時に、メディア化されたグローバルな政治空間の構造的な創出を帰結している。パトリオット・ミサイルの迎撃やピンポイント爆弾が着弾する映像を、テレビを通じて視聴した一九九一年の湾岸戦争、さらにコソボ空爆は、ヴィリリオが「科学の軍事化」「情報の軍事化」と指摘したとおり、コンピュータと一体化した兵器と監視技術の力が、アメリカのヘゲモニーの下に、地球的規模で「スペクタクル政治」を展開しうることをはっきりと示した「歴史的出来事」であった。標的を捕捉し可視化し壊滅させた映像が、軍という特定のエージェントによって編集・選択され、国境を超えたテレビによって、同時中継放送で伝えられ、しかもそれを世界中の人々がそのシーンを視聴する経験が組織されたのである。

ふたたびカステルの指摘を引用すれば、「過去二〇年の間の電子技術と軍事技術の飛躍的な進歩」は、先進国が戦争を開始しそれを社会が受け入れるための条件をクリアする手段をみごとに提供してきた、といえる。つまり一般市民を巻き込まないこと、攻撃が短期間あわよくば一瞬であること、敵を破壊するときでさえクリーンな局所的な攻撃であること、そしてイメージ構成や戦争場面の構成に関して厳密な情報操作を実行し、可能な限り公衆の眼から事態を隠すこと、といった条件である。「専門的に管理されたニュース報道は、戦死や負傷の生々しさを消去して、消毒された知覚を提示しながら、人々の自宅に戦争のライブを届けた」のだ[31]。まず、この出来事から第一に指摘できるのは、偵察衛星と情報システムとのセットによって、ポスターが指摘したように、あらゆる場所を一望監視状態へ置くことが可能な状態にすでに移行していること、しかもそれが、軍事的・技術的に優位に立って監視する側と、監視される側との、圧倒的な非対称性に基づいていることである。

第二に、この際立った非対称性のなかで生産され管理された情報が、見られる側に負の価値を付与するコンテンツとして編制され、見る側の集団的アイデンティティを維持し、強化するものとして機能していることだ。しかも、場合によっては、異質な他者として表象される側に対する暴力的な感情を伴う排他的なアイデンティティさえもが産出されかねない社会的コンテクストが編制されつつある。

そして第三に、なによりも留意すべきは、このグローバルかつ非対称的な情報のフローの空間が編制する集団的アイデンティティが、まさにグローバルな広がりをもった情報システムに基礎づけられたものであるがゆえに、ナショナル・アイデンティティという枠組みを超えて組織され始めていることだ。もちろん、ブルデューが指摘するように、これまでドメスティックなナショナルな空間を一元的に編制してきたマスメディアは、従来なれ親しんできた制度的思考や解釈の枠組みを参照しながら、ナショナル・アイデンティティの維持にとっては不都合な情報をノイズとして排除し、ニュースを定型的なパターンに回収する機能をこれからも果たすことだろう。[32] しかしそのメディアでさえ、グローバルなメディア・システムとダイレクトに接続し、世界システムの中心に位置する諸国のメディア群が選別した情報を伝送することによって、国家を超えた、あるいは国家と新たな関係を結ぶ、もう一つの「想像の政治的共同体」に個人や社会集団を位置づける機能を発揮することも予測可能な事態が形作られつつある。[33]

ＣＮＮに代表されるような、地理的に隔たった異なる国家や社会集団にダイレクトに情報を伝達するメディア・システムと、従来はドメスティックな空間の編制装置として機能したメディア、この両システムに挟まれるかたちで、個人のローカルな場は、ナショナルなレベルとともにグローバルなレベルが相互に規定しあう重層的な空間へと編制されてきているのだ。

このメディアに媒介された文化の地政学的な空間に置かれたオーディエンスのポジションを、コスモポリタンあるいは世界市民と単純に規定することはけっしてできない。すでに論じたように、「フローの空間」は、世界システムの「支配的な利害関係と機能の空間」として機能しており、その利害や関心、そして欲望とは対立するある地域や社会集団あるいは国家の利害を排除する物質的基盤として作用するからだ。

五　新たな社会編制のパワー

ここまで、情報社会と形容される現代社会システムが、どのような力によって、どのような政策のもとで生成してきたかを考察してきた。明らかにしえたのは、新しいメディアやテクノロジーがけっして特定の技術者や発明家によって開発され、実用化されてきたわけではなく、特定の政治的・経済的・社会的コンテクストの規定性の下で、ある一定の目的や利害関心をもった社会集団と結びつきながら、社会的に造形されてきたということである。具体的には、電子メディアと新たな通信技術の開発と普及が、第二次大戦後の国際的な政治環境の下での軍事技術の開発と密接にリンクしながら行なわれてきたこと、さらには資本主義のリストラクチャリングという大規模な経済的変化と深く絡まりあいながら情報テクノロジーの産業化が進められてきたことを指摘した。またそのさいに、各国の新自由主義の経済政策に示される特定の政治文化的なパワーが電子メディアの制度化の輪郭を規定するものであったことを論じた。情報社会と形容される現代の社会システムは、明らかにこうした複数の社会的諸エージェントのパワーによって構築されてきたのだ。

第二に論じたのは、ほぼ半世紀をかけて「情報社会」を造形してきたこのようなマクロな権力が、「フローの空間」とカステルが呼ぶ新たな「時間‐空間のシステム」を構築するなかで、さまざまな電子メディアと接続させながら、労働する身体とともにイメージを消費し受容する身体をも組み換え、新たな行為と出来事の継続的な組織化を行なってきたことである。

高速度社会システムに適合した身体の調教と新たな身体的行為の編制。と同時に、高速度社会システムの外部ないし周辺部におかれた社会集団の集合的身体に対するあからさまな排除と不可視化。地球的規模で編制されたメディア・ネットワークの非対称的な情報の流れ。遠隔地の紛争や出来事が脱臭化された上で「スペクタクル」として世界システムの中心部で消費される構造の成立。そして、この情報消費の過程をつうじての複合的な身体／アイデンティティの編制。

こうした構図がこの一〇年ほどの間に急速に形作られつつある。それは明らかに、消費社会論が照射した権力作動の様式とは異なる、新たな社会編制のパワーなのではないだろうか。

マスメディアが産出する大量の記号の消費の過程を通じて欲望それ自身が生産されるとともに、その浮遊する記号と相関して身体が生ける肉体としてのマチエールの強度を失い、ドゥルーズのいう「器官なき身体」として現象していること、それゆえに権力が抑圧や暴力としては現象せず、さらにいえば、抑圧であれ、暴力であれ、政策遂行であれ、なんらかの政治的行為の正統性と妥当性の調達を目的とする合意の政治学のプロセスに生じることもないこと、これらの論点を消費社会論は明確に析出した。恣意的な記号の連鎖がつくり出すモード＝魅惑の空間にこそ、権力が作動する主要な舞台がある。消費社会論がこのことを明らかにした功績は大きい。しかし「消費社会論」の権力概念だけでは説明できない、「情報社会」における身体と権力の新たな編制モードが生成しつつある。

世界システムの中心に位置する権力は、労働・生産の過程においても、あるいはまた移動・消費の過程においても、電子メディアを身体に直接接続させながら、ナショナルな水準のみならず、世界システムの中心に位置するシステムへの組み入れ、あるいは統合を推し進めようとする社会的な圧力の高まりとして現われている。すでに最初の章で論及したように、A・メルッチは、この情報の選択と処理が高度化した複合社会では、権力が物的財の生産と配分をめぐる対立点よりも、情報やシンボリックな資源の生産にとって決定的な領域で起きているとの認識を提示した(34)。われわれは、その決定的に重要な視点をふまえつつ、メディア・テクノロジーを編成するマクロな経済的・政治的・社会的・軍事的パワーと、それら政治・経済・軍事的な複数のエージェントによるヘゲモニックな言説の生産が示す権力作用の今日的なモードを、身体と行為の再構造化と抵抗の具体的なプロセスのなかに精緻に読み解いていかねばならない。

第七章　グローバル化とテレビの文化地政学
――現代の戦争とメディア

一　マスメディアの終焉？

一九九〇年代に入り、インターネットの急速な浸透や携帯電話の利用の伸びに見られるように、日本社会の情報環境は大きく変化した。こうしたなかで、多くの人たちから、テレビ時代の終焉、あるいはラジオからテレビへと続いたブロードキャストの終焉、といった予測あるいは現状認識がまことしやかに喧伝された。マスコミュニケーションの時代が終焉した、というわけである。

もちろん、現在の急速な変化を見れば、そう判断したくなることも理解できなくはない。階層や年齢や性別の違いを超えてあらゆる人々に対して、誰にとっても必要なという意味での一般的な情報を伝達することを目的とした媒体をマスメディアと考える一般的定義に従うならば、専門特化したチャンネルで特定の情報が伝達され、さらにはデジタル放送の開始によって双方向の情報伝達が可能となった現状を見れば、テレビを従来のマスメディア概念やマスコミュニケーション概念で捉えることができるのか、はなはだ怪しくなっているからである。その意味からいえば、ブロードキャスト(broadcasting)の時代は終焉し、ナローキャスト(narrowcasting)の時代が始まった、という主張が現在の変化の一側面を捉えていることは確かである。

しかし、そう簡単に事態を認識してしまっては、いま進行中の変化を十全に把握することができないことも確かだ。そのことを、二〇〇一年九月一一日、アメリカでの同時多発テロをめぐるテレビ報道が指し示したのではないか。インターネットがあれほど普及しているアメリカはもちろん、世界中のほとんどの人々が九・一一テロ攻撃を知り、旅客機のツインタワー激突とビルの崩壊の映像を見たのはテレビをとおしてであったし、またアメリカにおけるその後の愛国主義的心情の高揚も、テレビを抜きには語れない。グローバル化したメディア環境のなかで、テレビのもつ力、言い換えれば、テレビの権力性と政治性があらためて示されたといえる。

本章では、九・一一テロ事件とアフガニスタン報復攻撃に関する報道を手がかりに、グローバル化といわれる歴史的変化のなかでテレビの文化地政学な位置がいかに変化しているかを日本の文脈に即して考えてみたい。そのためには、まず現在のグローバルなメディア・システムの中心に位置するアメリカのテレビの問題にふれておく必要がある。以下、アメリカのテレビ産業に見られるニュース制作の変化を考察し、次にグローバルなメディア・システムの内部に布置された日本のテレビ・メディアに固有の問題を考える。

二　広報化するテレビのニュース制作

近年のアメリカ・テレビ産業界の変化を見ておこう。九・一一テロ攻撃とそれに続くアフガニスタン攻撃に関する報道の問題点を検討するためには、この一〇年ほどの期間に生じたテレビ産業をめぐる構造的変化を踏まえておく必要があるからだ。

前の章で詳細に論じたが、アメリカのテレビ産業は、情報・通信分野の規制緩和とそれに基づく市場規模の拡大に伴って、大きな再編の過程に巻き込まれてきた。八六年のGEによるNBCの買収にはじまり、九六年のディズニーによるABCの買収、九九年のバイアコムによるCBSの買収、さらに八六年のマードックによるFOXの設立などがその代表的な事例である。ところで、この統合・再編がもたらしたもっとも大きな変化は、より高い収益性を達成できる企業への転換にある。エリック・ローは、こうしたテレビ産業界をめぐる競争環境の激化の下で、ニュース制作部門と広告・営業部門との連携が強化され、経営的な観点から見て「都合のいいゲートキーパーの配置」が進んだこと、効率性重視の下で海外支局の統廃合が進み海外ニュースの割合が減少したこと（例えばABCは海外支局を一七局から七局に削減）、ニュース自身が単純化された図式で伝えられ、視聴者を引き付ける刺激的なプレゼンテーションが数多く採用されたことなど、さまざまな変化が生じたと述べている。その上で、彼がもっとも注目すべき変化として強調するのが、「ジャーナリストとパブリシティとの共生関係（symbiotic relationship)」の進展という事態である。ニュース制作の慣習化、視聴率の重視などのさまざまな要因がからみ合い、マーケティングの専門家、報道対策アドバイザー、広報活動担当者とテレビ局との関係が緊密化し、「ニュース制作が広報活動化(public relations-ized)」したというのである。この変化がもっとも露骨なかたちで現われたのが戦争報道である[1]。

三　戦争のパブリック・リレーションズ(the new PR-ized genre of warfare)

現在、戦争に対する肯定的なメディア・イメージを維持するために、戦争自体が、デジタル通信技術を利用した広報活動のもっとも重要なターゲットとして組織されている。いわば「戦争のＰＲ化(PR-izing of news)」という事態が成立し、ヘゲモニー獲得の新たな形態が組織された、と彼は指摘する。もちろん以前からも戦争にかんするプロパガンダは存在した。しかし現在の「戦争のＰＲ化」は以下の点でそれ以前とは決定的に異なる。第一に「戦闘における身体性」を隠し、戦争をクリーンな技術の発展のように見せる技法の開発がある。第二に戦争に対して悲観的・否定的な評価を加える時間を与えず、また選択と排除によるプロパガンダであることを意識化させないために、瞬時に、よりリアルな情報を伝達する技術の開発がある。さらに第三に市民の戦争に対する支持と合意を取り付けるべく、軍と各政府機関による徹底した情報の管理、さらにマーケティング専門家や広報活動関係者らによる徹底した情報加工やプレゼンテーションの共同開発がある。

デジタル通信システムを使った「戦争のPR化」が組織的に展開されたのが湾岸戦争であることは間違いないが、ローの指摘によれば、実際にはすでに八二年のフォークランド戦争に始まるという。いずれにしても、ここで注意すべきは、こうしたデジタル通信網の開発がなければ不可能な高度な「戦争の表象」が、テレビを主要な舞台に組織されていることだ。メディア化されたハイパー戦争(media-ized "hyperwar")、デジタル化されたテクノ戦争(digitized techno-wars)の出現である。ローは、こうした事態の進行をこう指摘する。「テレビが軍事PRの夢の媒体になりうる」のだ、と。(2)

九・一一テロ事件以前に書かれたものであるとはいえ、テロ攻撃とその後のアフガニスタンへの攻撃に至るアメリカ政府の対応ならびに政府とメディアの関係を振り返るならば、彼の立論は今回の事態を十分見通したものであったといえる。

アフガニスタン報復攻撃におけるニュース統制は、湾岸戦争に比べても格段に厳しかった。湾岸戦争時に多くの記者から不満の声が上がった「プール」さえなく、記者は地上作戦の作戦区域から閉め出され、情報や映像はそのほとんどがワシントンの軍司令官や国防総省など公的機関から発表されたものであった。さらにアメリカ政府内部の政策上の対立がメディアに漏れないように国内でも徹底した情報管理がなされたともいわれている。これらの事態を見る限り、メディアがさまざまな公的機関の組織的な「広報活動」に組み込まれている、という彼の主張は十分な根拠をもっている。

今回の事態に関しては政府による情報統制の強化といった側面だけが強調された。だが、そのことにもまして注目すべきは、以上指摘したように、この側面の基盤に、テレビ・メディアの競争環境の激化、それに伴う取材力の低下、テレビ局と広報活動部門との「共生関係」の深まり、といったテレビ産業内部に生じた構造的変化が存在することである。その変化の下で「新しい戦争」に由来する前例のない「戦争の表象」が可能となったのである。

私たちはこうした構造的変化に十分自覚的でなければならない。なぜなら、上述のアメリカのテレビの変化が、アメリカ一国の問題にとどまらないからである。メディアのグローバルなネットワーク化の進展は、アメリカの問題を文字どおりグローバルな問題に転換した。日本ももちろんその例外ではない。テロ攻撃の翌日の九月一二日、ABC、CBS、NBC、FOX、CNNはテロ報道の映像共有についての協定に合意する。ABCと系列関係にあるNHKとフジ、CBSと系列関係にあるTBS、NBCとその関係にあるNTVとテレビ東京、そしてCNNと系列関係にあるテレビ朝日は、この協定に従って制作されたほとんど同一のアメリカ発テロ関連ニュースを流し続けた。そしてアフガニスタンに対する軍事攻撃に関しても、米軍とペンタゴンが提供した映像を各局とも同じように繰り返し流し続けた。これまでナショナルな空間を前提としてきたブロードキャスティングは、グローバルな空間に節合され包摂されているのである。

四　情報のエコノミーにおける構造的な不均衡

アフガニスタン空爆、そして地上軍の投入という事態が進行するなかで、日本のメディアも現地に記者を派遣して独自の取材を行ない、独自の情報を伝えることに努力した。しかし、一連の報道を通じて、グローバルなメディア・システムの内部に布置された日本のテレビ・メディアの位置も明らかになったといえる。もっとも大きな問題は、第一に日本で受容された多くの情報が、アメリカの見地、アメリカの利害関心から発したものであること、したがって第二にいえるのは、グローバルなメディア・ネットワークの内部に、情報の生産と消費つまり情報のエコノミーにおける圧倒的な不均衡が存在しているという事実である。もちろん、今回の特殊な事情を考慮すべきだろう。アフガニスタンが取材と分析の両面で西側メディアにとってもっとも手薄な地帯であったことや、タリバン政権が西側メディアを排除していたために、アメリカに本社をおくメディアの発信する情報量とそれ以外のメディアが発信する情報量の不均衡を是正することが困難であったこと、などである。その点で、日本でもその時期に視聴可能となったカタールのアラビア語の二四時間衛星放送局「アルジャジーラ」(Al-Jazeera)の存在意義はきわめて大きい。この放送局が提供したアフガニスタン報道がなければ、われわれが知りうるアフガニスタン情勢はもっと限定されたものになったことは間違いない。この局の存在自体が今後のメディアのグローバル化を考える際の重要な契機となるだろう。しかしこうした点を考慮したとしても、日本のメデ

ィア環境を見た場合、情報のエコノミーにおける構造的な不均衡が存在したことは明らかだ。(3)

すでに、アメリカ国内において空爆や地上軍による攻撃に関する情報が軍によって完全に統制されたことを指摘したが、日本でもほぼ同様に、戦争についての米国政府の見解がそのつど流されるままで、米国政府の政策の背後にある国際政治認識の枠組みを批判的に見据え、さまざまな言説を提示する機能はきわめて弱かった。基本的に、日本のテレビ視聴者もアメリカ国民と同様の情報環境に包摂され、戦争についての情報を米国政府から聞いたというのが実態だった。

湾岸戦争では、「ニンテンドウ戦争（Nintendo warfare）」と形容されたように、ペンタゴンが提供したスカッド・ミサイルやスマート爆弾のハイテク・イメージが強調された。だが、今回は、そうした映像すら限定され、夜間に空母から離陸する爆撃機や同じく夜間アメリカ軍兵士が行動するシーン、さらに夜間にヘリコプターが旋回するシーンなど、これまで以上に無機質な映像で占められた。これまでも流血映像が検閲をくぐり抜けることはなかった。とはいえ、テロ攻撃に関するアメリカ発の情報が、殺害されたアメリカ人の悲劇、死、負傷、惨劇のイメージをことさらに強調して伝えたことと、それは鮮やかな対照をなしている。明らかに、ここには情報の生産と受容にかかわる極端な非対称性が存在しており、日本のテレビはメディアのグローバル化のなかでこうした新たな文化の地政学的構造に深く組み込まれているのである。ところで、問題はアメリカの情報環境への包摂という点にとどまらない。

五　可視化される戦争の不可視化

　これまで国民共同体を前提に組織されてきたブロードキャストが、グローバルなネットワーク化の下で、国民国家という境界を超えて多様な情報を受信・発信できるメディアへと変貌する潜在力は確かに存在する。しかし、上記のように、それが世界システムの中心に位置するアメリカ発の情報流通に偏っているならば、そのバイアスを自覚的に是正することが求められるだろう。日本のメディアは、その点に対して、自覚的であるだろうか。ワシントン発の情報を検証し対象化する上で重要な位置を占める、現地取材・現地レポートに即して検証しておこう。

　アメリカ軍の空爆が開始された以降、各局はニュースでパキスタンとアフガニスタンに派遣した特派員やフリーのジャーナリストの報告を伝えた。だが、その内容の多くは現地レポートというよりもワシントン発の情報に依拠し、それを確認するという性格のものであった。たとえば、一〇月一九日、現地イスラマバードからのライブは次のようなものだった。

　お伝えします。アメリカ軍ですけれども、ごく限られた数ではありますが、特殊部隊をアフガニスタン南部に投入しまして、すでに地上作戦を展開している模様です。

別の局も現地からの報告を流した。

イスラマバードです。そちらから話がありました地上軍の展開の話ですけれども、これはアメリカから情報が伝えられておりますが、肝心のアフガニスタンからは、それを確認するような情報はまだ伝わってきておりません。ただ、イスラマバードの外交・軍事関係者の間ではここ数日中にそうした動きがあるだろうと予測されておりました。

このレポートから理解できるのは、取材が制約され、情報がなかなか入らないなかでは、現地といえども、大局的に状況を把握できる情報環境にはないということだ。実際、西側のメディアが空爆の標的となったカブールに入ったのは一一月八日である。

しかし、こうした困難な状況にあるにもかかわらず、テレビは現地からのレポートにこだわり、あまりにも細部を追ったその時々の情報を流し続けた。しかも問題は、多大な努力をはらって続けられた現地からのレポートが、活字メディアが伝える情報とは明らかに異なるものであったことだ。辺見庸は、アフガニスタンに投下された爆弾が一発で野球場五つ分の範囲の物体を破壊できる燃料気化爆弾BLU82や数十メートル四方に鉄の破片が飛び散るクラスター爆弾など特殊なもので、投下された一帯はその破片で銀色に輝いていた、と現地取材にもとづいて指摘している。(4) カブールは原爆投下後の広島・長崎を彷彿とさせる状態であったという。しかし、テレビはそうした現実を伝えただろうか。

テレビと活字メディアとの落差は、外国の局の報道スタイルとの落差にも現われている。はじめて西側メディアとしてアフガニスタンで最初に取材したBBCのニュースでは、特派員が空爆で負傷した住民がタンカで病院に運ばれるところを追い掛けながらカメラを回し続け、「赤十字病院に新たな負傷者が運ばれてきました。民間人の死傷者の有無が議論されてきましたが、私はこの眼で確認しました。正義の名をかりて、罪のない七歳の少年の手足が奪われています」とレポートした。こうした映像すら、日本で放送されただろうか。

日本のテレビ取材班が伝える情報や映像は、スタティックで、あまりにも細部にこだわり、ワシントン発の情報を対象化し、批判的に見据えるような視座からのものであったとはとうていいえない。現地からの映像は、いわばワシントン発の情報に包囲され、映像のもつ固有の強度と密度を失って、たんに「現地から」の報告であることを傍証するために映し出されただけだった。(5)

すでに指摘したように、エリック・ローは、速報性に富む情報が流されることで、テレビ視聴者が、操作されてはいないリアルな情報を手にしているのだ、という幻想を抱きやすいと述べていた。ここで取り上げた、現地レポートというスタイルは、彼の指摘を傍証するものだろう。それは、意図せざる結果として、大量の映像と言明を現地から瞬時に伝達することで、視聴者が現地を見ながらも、実際にはけっして戦争を「視る」ことができないようにする「舞台装置」として機能しているのである。いわば、可視化されることで不可視化される戦争の経験とでもいえようか。

こうした日本のニュース制作の問題は、アメリカの空爆が続くなかで、あるキャスターが現地レポーターに向かって述べた次のような発言に象徴的に現われている。

市民に被害も出ているようなんですが、誤爆というのはあるんでしょうか。

この発話には、二つの意味のベクトルが隠されている。一つは、アフガニスタンにおける空爆で実際に死傷者が存在しているにもかかわらず、その事実を、曖昧な、推測の域を出ない問題に移行させるベクトルである。そして次に、推測の域を出ない問題であるかぎりで、空爆という事態に対して、われわれが、正面から向き合うことを回避しながら、テレビを「見続けて」もよいのだ、という状況へ視聴者をシフトさせるパフォーマティブな、言語遂行的な機能である。

この安楽な時空間を虚構する発話に象徴されるテレビの言語実践は、日本のテレビ・メディアに固有の問題と表現様式を指し示している、と私は強く思う。

六　知覚の包囲網を切り開く

要約しておこう。とりあえず二つの問題を指摘できる。第一は、グローバルなメディア・システムが構成されるなかで、「過剰な語り」と「不当な無視」という極端なまでの情報の不均衡が生じていることである。デジタル通信システムの進展は、たしかに形式的にみれば、中心／周辺という二項対立的な図式で捉えては変化の実相を見誤ってしまう、新しい情報の生産・移動・消費の構造をつくりだしつつある。指摘したように、アルジャジーラはその一つの証左であり、インターネットも中心／周辺という枠組みで捉えることを許さない多様な情報流通の可能性を示している（しかしこのメディア空間においてもアフガニスタンからの第一次情報が極端に少なかったことに気づくべきだ）。しかし、現在のグローバルなメディア・システムが、世界システムの中心に位置するアメリカの利害に深く規定されていることもまた事実である。それを、単純化してアメリカによる世界的へゲモニーの構築とみることは必ずしも正しいとはいえないだろう。とはいえ、日本の文脈に即してみる限り、そうした事態が生じうる可能性が現に存在することも今回のテロ攻撃とアフガニスタン攻撃の報道が示したのではないだろうか。情報の流れは圧倒的な不均衡のなかにあり、アメリカのコンテクストに縛られている。第二は、日本のメディアが、上記のグローバルなメディア・システムの構成にともなう情報の流れの遍在性、不均衡にあまりに無自覚であることだ。というよりも、無自覚であるふりをして、言説の不均衡を突き崩す努力を放棄しているといえようか。必要なのは、テロ攻撃による死者を「英雄物語」にしてしまったアメリカのテレビに対して、空爆によってアフガニスタンで死亡した人々をまた一つの「悲劇」としてドラマ化してしまうことなどではないはずだ。いくつもの「悲劇」が生まれてしまうその構造を独自の取材力と見識で分析する力こそが求められているのである。グローバル化のなかで、日本のメディアは、その分析力と専門性を、世界のメディアとの競合関係の中でますます試されることになるだろう。そのとき、本当に不均衡を是正し、専門性に裏付けられた情報を発揮できる力があるのか。上記の「言説の不均衡を突き崩す努力を放棄している」という指摘が誤りであると批判されることを私は願う。しかしもしそうであるならば、われわれは、見ること・聞くこと一切の強固な包囲網に切れ目を入れ、メディア空間の内部に多声性を切開し続けるために、批判的な声を発し続けねばならないだろう。

Ⅳ　世界との応答関係

第八章　幽霊を見る遊戯空間
――ベンヤミン以降のメディア論

対象そのものからお墨付きをもらえるような複写は、物理的な正確さを帯びている。あらゆるサンボリックな格子からは必然的に抜け落ちていくしかない身体のリアルなものを、それは捉えているからである。メディアとはそもそも、幽霊の出現をしか伝達しないものなのだ。リアルなものとは、ラカンもいうごとく、死体という単語すらまだなまやさしいような何かだからである。（Kittler（1986）訳二五頁）

一　メディアの「生」と「死」

メディア論の古典とでもいうべき『複製技術時代における芸術作品』や『写真小史』を執筆したベンヤミンのまなざしに映し出された情景はいかなるものだったのか。一八二〇年代にニエプスに始まるとされる写真の誕生からほぼ九〇年、そしてリュミエール兄弟によるシネマトグラフをその起源とする映画の誕生から三〇年が経過した一九三〇年代において、ベンヤミンの目はどのような光景を見つめていたのか。想起されるのは、メディアが誕生し、そして誕生まもないそのメディアが死亡宣告を突きつけられる、歴史的情景だったのではないかということだ。特定の歴史的条件のもとで、生と死を経験し、そして最初の生とは異質な、いわば「強いられた生」を受容するメディアの光景だったのではないか。その「何かに強いられた生」に抗いながら生き続けようとするメディア。

メディアの生と死、その歴史の回転軸に直面したからこそ、ベンヤミンがつねに照らし続けねばならなかったテーマ、それは伝達可能性と不可能性をめぐる問題、つまり「伝達可能性そのものを、伝達する」という問題系である。伝達とはそもそも伝達可能性を伝達することなのであり、それは逆説的に伝達不可能性の象徴でもある。重要なのは、可能であるとも不可能であるとも言い切ることを許さない、メディアの存在それ自体にかかわる問題系を、彼の思索が切り拓き続けたということだ。

現在の複製文化の問題を考えるとき、私はこの伝達可能性と不可能性がもっとも肝心なものであると考えている。そのことを論じるためには、まずメディアの「生」とはなにか、「死」とはなにか、そして「強いられた生」とはなにか、その意味するところをあらためて考究する必要があろう。

二　見えないものを見る、あるいは幽霊を見ること

一九三一年に書かれた『写真小史（*Kleine Geschichte der Photographie*）』は、そのタイトルが示すように、ニエプスとダゲールの発明以来一〇〇年に満たないフォトグラフの短い歴史を主題にしている。その冒頭の部分には、「写真が絶頂を極めたのは、ヒル、キャメロン、ユゴーやナダールが活動していた時期であり、その最初の十年だったのである」[1]という文章とともに、「写真家たちのほうは、一八八〇年以降の時期、むしろアウラを捏造することに自分たちの使命を見ていた」[2]との指摘がある。この指摘に、写真がみずからの生き生きとした「生」を享受していた時期から、衰退への道を歩む軌跡を読み取ることはもちろん可能だろう。だが、その軌跡を、若々しい魅力をもつ新しいメディアがその新奇さを失い、凡庸な、ありふれたものに変化していく、つまりどこにでもある自然な移行であるかのように判断し、読解してはならない。

むしろ、この文章から読み取るべきは、メディアを「飼い馴らしてしまう」社会と文化の暴力に対するベンヤミンの認識であり、彼自身のことばを使えば、旧来の「芸術観を裁判官席に座らせ、その前で写真家を弁護する」という倒錯した身振りに対する根底的な批判のまなざしが存在していることである。メディアに向けられた社会の暴力性、これを指摘することにベンヤミンの視線が向けられていることを忘却してはならない。「アウラを捏造することに自分たちの使命を見ていた」との文章は、社会や文化の暴力によって強いられたメディアの生の問題として把握されねばならないのだ。

では、暴力をもってしてでも抑圧し封印せねばならないメディアの「生」とはなにか。「新しい技術の挑発的な出現」と彼が形容した、メディアの生とはなにか。ベンヤミンは多くを語らない。

しかし、『写真小史』には、この問題への思考を開く、二つの文が書かれている。「こうした視覚における無意識的なものは、写真によってはじめて知られるのである(3)」という文章、そしてもう一つ「シュルレアリスム写真は環境と人間との疎遠化、治療的な効果をもたらす疎遠化を準備するのである。こうした疎遠化によって、政治的な訓練を積んだ目にはある視界が開けてくる。そこでは、細部を捉えるために、ほのぼのとした雰囲気はすべて犠牲にされるのである(4)」という文章だ。

フッサールのノエシス／ノエマの議論が示すように、われわれの日常生活における通常の知覚のありようは、意識の志向性とこの志向によって捉えられる限りでの志向対象との関係によって構築されている。それは、日常化し、習慣化し、「ある対象を有意味なあるものとして」産出し続ける、自明の世界をつくりあげている。だが、メディアは、写真は、この環境と人間との慣れ親しんだ関係に突然ある切れ目を入れ、疎遠化をもたらす。そして、突如、意識化され続けている位相からは排除され、見えない／見えなくされてしまっている位相、つまり無意識的なものの位相をはじめて知られうるものにする。ベンヤミンの文章をひとまずそう理解してよいだろう。言い換えれば、先に引用したキットラーの「メディアとはそもそも、幽霊の出現をしか伝達しないものなのだ」という言葉どおり、メディアは、慣れ親しんだ、調和した、秩序ある世界の只中に、幽霊を、ノイズを産出してしまう。メディアの「生命」「生」とは、この「幽霊」「ノイズ」を産出する力だ。

ノイズは日常世界の秩序をかき乱す。幽霊は人々の心を恐怖に打ち震わせ、かき乱す。だから、そうした「幽霊」「ノイズ」を産出するメディアは「狂気」として馴化せねばならない。バルトの指摘のように、

「社会は『写真』に分別を与え、『写真』を眺める人に向かってたえず炸裂しようとする『写真』の狂気をしずめよう(5)」と努めねばならない。言い換えよう。だからこそ、メディアはいつも社会から死亡宣告を突きつけられる、そうした存在なのである。

『写真小史』の後に書かれた有名な『複製技術時代における芸術作品』もまた、写真が死亡宣告を告げられた後の、いまだその「生」を保ち続け、かつ死を迎えようとしているかにみえる映画へのあまりにも早すぎるオマージュとして書かれている。政治の耽美主義化か、芸術の政治化か、その最後の問いかけは、『写真小史』が示した洞察を踏襲しながらも、アドルノの危惧とは反対に、「強いられた生」の誕生に直面しているがゆえにこそ、「幽霊」「ノイズ」の生成装置として映画の「生」と「希望」をあくまで語らねばならない、ベンヤミンの悲痛な思いをあからさまに示している。

三　伝達可能性と不可能性

ところで、「幽霊」「ノイズ」とはなにか。死んだ人の顔さえも、一瞬に消え去る音さえも、「いまここに存在するかのように」記録し保存し再現前化するのが複製技術である。「幽霊」とは、消失した姿や音の複製技術による再現前、いわば「非現前の現前」のことであり、その意味で複製技術は「幽霊」を産出するメディアにほかならない、と理解することもできる。だが、こうした理解でよいのだろうか。

キットラーの「メディアとはそもそも、幽霊の出現をしか伝達しないものなのだ」という言葉が、さらにいえば「写真とは『偶然』の、『機会』の、『遭遇』の、そして『現実界』の、あくことを知らぬ表現だ」(6)というバルトの指摘が、ともにラカンをふまえて、彼の「現実界」の審級を指すものとして「幽霊」が呼び出されていることからみても、そうした単純な理解ではすまないことが確認される。ラカンのいう「象徴界」「想像界」「現実界」の審級からはじめてみえてくるものが「幽霊」「ノイズ」なのである。

ラカンをふまえたキットラーの規定も、またバルトの規定も、ベンヤミンが「視覚における無意識的なもの」という概念でとらえようとした事柄とぴったりと重なり合う。しかし他方で、キットラーやバルトの洞察は、ベンヤミンの考察の全体を言い尽くしているだろうか。「視覚における無意識的なもの」「無意識の場」という概念でベンヤミンが示唆しようとした事柄をいま一度慎重に考えてみる必要がある。

複製技術たるメディアは、これまでも多くの考察が示唆してきたことだが、密接に関連しあう二つの相から把握できる。一つは、複製技術の「技術／器械」の側面（キットラー、バルトが注目した）であり、そしてもう一つの位相は複製技術の「複製／コピー」の側面である。「無意識的なるもの」も実はこの二つの位相に関連づけて把握されるべきなのではないか。

第一の相は、すでに指摘したように、見えない／見えなくされてしまっている位相、つまり無意識的なものの位相を、カメラという器械の眼がはじめて知られうるものにする、ということに直接かかわっている。そしてそこでの本質的な問題は、ベンヤミンが「あらゆる芸術活動の原現象として」位置づけた「模倣／ミメーシス」を、一種の「言語」ないし「言語活動」と捉え直したベンヤミンの「言語論」を参照することではじめて理解されるような問題なのである。

「人間の精神生活のどのような表出も、一種の言語（Sprache）として捉えることができる」という文章から始まる『言語一般および人間の言語』のなかでベンヤミンは、「音楽の言語」「彫刻の言語」、そして「舞踊の言語」が存在するように、精神内容のどのような伝達もすべて言語にほかならないのであり、言葉による伝達はたんに人間の行なう伝達という一特殊ケースにすぎないという。

では、言語はなにを伝達するのか。ベンヤミンはメディア論的思考にとって決定的な、以下のような論述を遺している。

言語は自身に合致する精神的本質を伝達する。この精神的本質は自己を言語において（in）伝達するのであって、言語によって（durch）ではない。このことを知ることが肝要なのだ。……精神的本質は自己を言語において伝達するのであって、言語によってではない。――すなわち、精神的本質は言語的本質に外側から等しいのではない。精神的本質は、それが伝達可能な限りにおいてのみ、言語的本質と同一なのである。ある精神的本質（einem geistigen Wesen）にあって伝達可能なもの（mitteilbar）、それが、その精神的本質のもつ言語的本質（sprachliches Wesen）である。言語は、したがって、事物それぞれの言語的本質を伝達するのだが、しかしその精神的本質については、それが直接に言語的本質のなかに含まれている――伝達可能になっている――限りにおいてのみ、言語はその精神的本質を伝達する。(7)

生ある自然のうちにも生なき自然のなかにも、みずからの精神的内容を伝達することは、すべてのものにとって不可欠である、と彼はいう。その精神的内容、精神的本質は、その本質にあって伝達可能なもの、つまり事物の言語的本質と合致する限りで、精神的本質を伝達する。だからこそ、繰り返しベンヤミンが強調するように、精神的本質は自己を言語において（in）伝達する。正確にいえば、それぞれの言語的本質をもつ個々の言語において、それぞれの言語的本質に合致しうる限りでのそれぞれの精神的本質を伝達するのであり、精神的本質があらかじめ存在し、それが透明な管／チューブのようなメディア＝言語によって（durch）伝達されるわけではけっしてないのだ。

このことを彼は、次のように敷衍している。「伝達として、言語は、ある精神的本質を、とはすなわち、ある伝達可能性そのものを、伝達する」のだ、と。[8] そして、それは、「伝達における伝達するもの」の「密度」と、「伝達における伝達可能なもの」の「密度」に従って、段階的に区別されるのだとも述べる。ここには、伝達可能性を素朴に信じる昨今のメディア論からはもっとも遠く隔たった地点に立つ、伝達可能性と不可能性にかんするもっとも深い思索がある。

言語はいかなる場合でも、伝達可能なものの伝達であるだけにとどまらず、同時に、伝達不可能なものの象徴でもあるのだ。[9]

ここでようやくわれわれは、次のような問いを提出できるだろう。言語が自身に合致する精神的本質を伝達するとするならば、「カメラの言語」「映画の言語」は事物のいかなる精神的本質を伝達できるのか、という問いだ。器械の眼はいかなる精神的本質を伝達できるのか。

その問題に対して、あらためてわれわれは、文字どおり「伝達における伝達するもの」の「密度」と、「伝達における伝達可能なもの」の「密度」に従って、サンボリックなものから逸脱し、イマジネールなものを裏切る、「リアル」を伝達するのだ、と答えておこう。それは、「音響上の出来事それじたい」を録音することで、サンボリックな秩序だった音楽のなかに「ノイズ」という「統計学的混乱」を引き込み、「リアル」を露わにしてしまう蓄音機の「リアル」であり（F・キットラー）、「光学上の出来事それじたい」を記録することで、イマジネールな相をつねに随伴させながら思い浮かべる「自分の顔」の「リアルな」姿を突如露わにしてしまう写真の「リアル」（バルト）なのだと。完結した、すでに閉じられた、サンボリックな枠組みのなかに包摂された知覚に切れ目を入れ、そのわずかな切れ目からみえるもの、それが幽霊という名の「リアル」なのだ。と同時に、その伝達可能性は、「伝達不可能なもの」「伝ええないこと」の「徴」でもある。

四　引用・複製・横領、そして遊戯の実践

では、第二の相、複製技術の「複製／コピー」の側に力点をおいてみるとき、そこには何がみえてく

るのだろうか。この相は、たしかに第一の相と直接的な連関を保ち続けてはいるものの、分析的にそれとは区別可能な相だ。複製技術による「複製／コピー」の能力がいかんなく発揮された二〇世紀の文化、それを複製文化と呼び慣わすならば、この複製文化のなかにも実は「リアル」が出現する。ベンヤミンはたしかにそう主張したかったはずだ。それを考究するための補助線が「遊戯」(Spielrum）という概念である。

遊戯とは、ベンヤミンの思考のなかでとりわけ特別の位置価を与えられているミメーシスの内部に折り重なってまどろんでいるとされる二つの側面の一つである。いま一つの側面である仮象が「呪術的なやりかたのすべての、もっとも抽象化され、しかしそれゆえにまた最も恒常的な図式」であるとされるのに対して、遊戯は「実験的なやり方のすべての、無尽蔵の貯蔵庫」と規定される。そのことを言い換えるならば、遊戯とは「類似物を創り出すこと」「真似をすること」というミメーシスの能力がもつ呪術性の側面を剝ぎ取り、「子供の遊び」に端的に示されるような、反復を通じた同一性の差異化の営みとして、そしてその営みをつうじた世界との絶えざる応答関係の更新のプロセスを意味している。演じ直すことで、それ以前の営みの限界を露わにすることといってもよい。それはまさに複製という事態の本質的な側面を意味していないだろうか。

すでに、蓄音機やカメラという「技術／器械」装置が「音響上の出来事それじたい」や「光学上の出来事それじたい」を記録し保存することで、「リアル」を知らしめてしまう事態を私たちはみてきた。それに対して、「複製／コピー」とは、「芸術作品上の出来事それじたい」を記録し保存した上で、それを不断に横領（appropriation）してしまう技法のことだといえるだろう。サンプリングしたオリジナルな音源をそのままコラージュして作られた音楽作品、オリジナルな写真を何枚も切り貼りして制作された一枚の作品。そしてベンヤミン自身が願望した、すべて書かれたものがすでに誰かが書いたものの引用からのみ成立する本。そして翻訳。これら引用の音楽、引用の書物、コピー／複製の作品は、まさしく模倣の技法によって構成されたものにほかならない。そのプロセスのなかでは、模倣・引用・複製によって、はじめにそれが置かれていた文脈から切り離されてしまい、当初もちえていた意味が剝奪され、もともともっていたサンボリックな意味の枠組みを超えたなにかが不意に露呈してしまうことさえ生じてしまうだろう。言い換えれば、引用されたもの、贋物、シミュレーションされたもののなかに、逆説的に、オリジナリティとみなされていたもののなかに隠され、これまで不可視のものとされていた「精神的本質の伝達可能なもの」が産出される事態が生成する。この意味で、模倣を、そしてその一側面たる遊戯を、これまで指摘した文脈に即していえば、サンボリックな枠組みのなかに分節化し、包摂してきた力が及ばない、ほんの一瞬の裂け目から、「幽霊」という名の「リアル」を開示する営みと位置づけうるだろう。「遊戯空間」とはこうした実践が行なわれる空間の名にほかならない。ベンヤミンが複製技術のうちにみていた革新力は、複製「技術」と「複製」技術、この二つの側面が折り重なったなかに発見されるべきものなのだ。

五　霊媒としてのメディア

すでに、二一世紀のわれわれの文化は、引用の、複製の、文化である。それは、真と偽、オリジナルとコピー、といった二項対立を突き崩していく。そのことは、すでに幾度も言及された事柄だ。一時期流行したポストモダン風な言い方をすれば、「真と偽」「現実と虚構」「オリジナルとシミュラークル」の差異をなし崩しにしてしまう「浮遊する記号」がランダムでアナーキーな運動をもってたえまなく循環する文化空間が出現したのだ、と。

しかし、本章で強調したのは、一時流行した「ポストモダン」風な言い方とはまったく異なる意味での「遊戯性」であり、「遊戯空間」である。事物それぞれの言語的本質を伝達すること、それは世界との応答関係を回復し、事物の生成の現場へ参入するわずかな扉を開く、政治的実践にほかならない。あらゆるメディアはその扉を開く霊媒として存在する。

メディアの生と死、このプロセスは、特定の歴史的条件に規定された一度きりの経験でありながらも、時と場所をかえて、至る所に、あらゆる時に、生成するプロセスでもある。いまもメディアは「生」への扉を開く者を待ち受けている。

あとがき

本書の各章の初出を記しておく。

はじめに　書き下ろし

第一章　「情報資本主義社会における批判理論の課題」、田中義久編『関係の社会学』弘文堂、一九九六年。大幅に修正。

第二章　「メディア・スタディーズにおける階級概念の再構築」、吉見俊哉編『メディア・スタディーズ』せりか書房、二〇〇〇年。

第三章　「テレビドラマの言説とリアリティ構成」、伊藤守・藤田真文編『テレビジョン・ポリフォニー』世界思想社、一九九九年。

第四章　「抗争するオーディエンス——公共の記憶をめぐる対抗とテレビジョン」、『思想』九五六号、岩波書店、二〇〇三年。

第五章　「規律化した身体の誘惑」、清水諭編『オリンピック・スタディーズ』せりか書房、二〇〇四年。
第六章　「情報化と権力——権力のテクノロジーと行為主体の再配備」、正村俊之編『情報化と文化変容』ミネルヴァ書房、二〇〇三年。
第七章　「グローバル化とテレビの文化地政学」、『言語』大修館書店、二〇〇二年一二月号。
第八章　「幽霊を見る遊戯空間」、『木野評論』三四号、青幻舎、二〇〇三年。

第一章を除いて、この五年ほどの間に書いたもののなかから選択した。出版社からの求めに応じて執筆したもの、公刊する見通しもないまま書かなければとの強い思いから書いたものなど、それぞれの文章の出自は異なるものの、書いたものから自分を引き離すために別の原稿を書き始める、というサイクルが続くなかでの作品である。自分が書いたものを後から読み返すことほどつらい経験はない。また書いたものが十全に自己の書きたいことの表現とはならない。その辛さや焦燥感が次の原稿に向かわせたことは確かだが、それだけではなかったように思う。

現代のメディア文化を具体的に分析するという営みにはある種の「瞬発力」が求められる。もちろん対象への精緻な分析が欠かせないし、そのためには時間も必要となる。だが他方で、テレビや映画の作品を受容した際の、作品とオーディエンスとの間に生まれたその時のリアリティの感覚——それは作品とふれたときに感じた「熱さ」「痛み」「イメージ」といった表現することが困難ななにかであり、それを書きとめておかなければという衝動でもあるわけだが——を伝えるためには、ある程度の「速さ」

が必要なのだ。読者も感じている作品との出会いがつくりだす特有の感覚に輪郭を与え、伝えるための「速さ」である。この「速さ」が次の原稿に向かわせた一つの力であった。

しかし、そうしたこと以上に私に書くことを強いたのは、私たちの日常の生活を取り囲む膨大な量の、そして一義的な解釈や、立ち止まって思考する余裕すら与えない映像が生産されるすさまじいスピード、また、こうした映像に関する、これまたすさまじい量の批評の産出に「負け続けている」ことへの悔しさであったような気がする。クリティカルな批評の「遅さ」、そのことを考えるとき、さまざまなテクストが受容され消費される現在のコンテクストに介入する「速さ」が絶対に必要なのだと思う。アドルノと自分を重ね合わせるつもりはないが、彼のエッセーという形式は、体系性を拒否した彼の理論的身ぶりから評価されがちだが、むしろそれは書くことを「武器」にする際に不可欠となる「速さ」から生まれた形式だったのではないか。

したがって、収録した論考はその時々の問題関心にそって書かれたものであり、体系性や一貫性をめざしたものではない。それだけに、上記のようにメディア文化が消費されるコンテクストを重視して書いたものを当初の文脈から引き離して、個人の名の下に刊行される一冊の本にまとめることには大きなためらいがあった。しかし、分析の粗さや表面的な批評といった批判も覚悟の上で、一冊にまとめることによって、読者に日本の一九九〇年代のメディア文化の政治性を、そして日本の社会的コミュニケーション過程が孕む暴力性を、立体的に垣間見てもらえるかもしれないとの期待もあった。その期待や狙いが果たされたかどうか、読者の判断に委ねたいと思う。

批判的社会理論のなかに記号とコミュニケーションの問題系をいかに導入するのか、バフチンやアダム・シャフやバルトらを手がかりに考えていた私にとって、ハーバーマスの『史的唯物論の再構成』とその後に展開された『コミュニケーション的行為の理論』との出会いは、決定的だった。現在でもコミュニケーション的行為のパラダイムの重要性はいささかも失われてはいないと考えている。しかし、社会学におけるコミュニケーション的行為のパラダイムとは、本書で繰り返し強調したように、記号の構築と解読を通じて社会の集合的状況がヘゲモニックに組織されていく社会諸集団の対抗や葛藤の過程に照準したものでなくてはならないだろう。八〇年代に入り高度消費社会と情報化が急速に進展するなか、そのことを知らしめ、新たな視界を切り拓いてくれたのが、ホールやウィリスやホブソンの編集で一九八〇年に刊行された *Culture Media and Language*, Hutchson だった。当時、カルチュラル・スタディーズなる名称も知らないまま読んだ同書で、ラカンやデリダがメディア・スタディーズの重要な参照点として検討されていることにある種のショックを受けたことを今でも鮮明に記憶している。今日、カルチュラル・スタディーズには理論がないなどという批判もあるが、それはこの時期の精力的なフランス現代思想の批判的摂取に対する無理解からきていると思わざるをえない。ともかく本書第Ⅱ部の具体的な分析の背景にある理論的フレームワークは、この著作以降さまざまなかたちで展開したカルチュラル・スタディーズと総称される多くの研究者の関心や方法から学び取ったものにほかならない。

本書の刊行に際して、多くの方々にお礼を申し上げねばならない。大学院以来、徹底したテキスト・

クリティークを通じて研究の道筋を示唆していただいた寿福真美先生、T・パーソンズの社会学をはじめ社会学の基本とともに知識人とはなにかを身をもって示していただいた矢澤修次郎先生には心から感謝申し上げたい。お二人には今もってさまざまなアドバイスをいただいている。小川文弥先生、藤原功達先生には、長年にわたるNHK放送文化研究所での共同研究をつうじて、メディアとオーディエンスへの関心をつねにかきたてていただいた。まがりなりにもこうした一冊の本にできたのは、本当に小川・藤原両先生のおかげである。また八年前に亡くなられた佐藤毅先生にもお礼の言葉を捧げたい。大学院のゼミでのハーバーマスの講読に始まり、その後もカルチュラル・スタディーズをいちはやく日本に紹介された先駆者として、多くのことを教えていただいた。佐藤先生の単著『マスコミの受容理論——言説の異化媒介的変換』につづくメディア分野の本として、本書を法政大学出版局から刊行できたことをなによりも嬉しく思っている。物理学者であり、また情報学を専門とされる田中一先生には、札幌学院大学に赴任して以来一貫して知的刺激と助言をいただいている。心からお礼を申し上げたい。

またせりか書房の船橋純一郎氏には、どんなに感謝しても足りないくらいにお世話になっている。ものぐさな私に書くことをすすめ、さまざまな分野の方々との出会いをつくっていただいた。本書に収録したなかの三本はせりか書房から刊行したものであり、船橋氏の熱意がなければこの本すら刊行できなかったであろう。本当にありがとうございました。

小林直毅、藤田真文、田仲康博、岩淵功一、正村俊之各氏との対話からは作業を進めていく上でいつも多くの示唆をもらっている。とくに小林さんは忌憚のない批判的な助言をいつもくれ、それがどんなに役立ったかはかりしれない。また藤田さんは同じレースに参加する競技者としていつも的確なコメントをくれたし、田仲さん、岩淵さん、正村さんとの議論は私自身の研究の方向性に決定的ななにかを与えてくれている。さらに常木暎生先生からは、長いあいだ研究・教育上の問題への対応について厳しく指導していただいた。これらの方々のつながりが研究を進める力になっている。

田中義久先生に感謝の言葉を捧げたい。社会学の枠をはみ出して、どこに行くかわからない不出来な学生の私を許容していただいた。先生の学問的広さゆえの寛大さであったと思う。とりわけさまざまな事情で博士課程への進学を断念しようと思ったとき、上野駅まで来られ、研究を続けることを強くすすめていただいたことをいまでも忘れることができない。あの時の先生の言葉がなければ、研究者になることも、このような本をまとめることもなかった。不肖の弟子として、先生の学恩に報いる研究を続けていけるよう努力したいと思う。

すでに書いたように、佐藤毅先生との学問的交流からカルチュラル・スタディーズを吸収してきた私にとって、法政大学出版局から単著を刊行できることは望外の喜びである。その意を汲み取っていただき、出版事情の厳しいなか、快く刊行の機会をつくっていただいた平川俊彦氏にも感謝申し上げる。

最後に、大学院進学以来、何者になるか分からない不安定な状況がつづくなか、ずっと見守ってくれた、父・誠一と母・輝子に、そして妻・恵美に、心から感謝したい。

二〇〇五年三月

伊藤　守

《思想＊多島海》シリーズ　5

著者紹介：伊藤　守 (いとう まもる)

1954年生まれ．法政大学大学院社会科学研究科博士課程単位取得．新潟大学教授を経て，現在は，早稲田大学教育・総合科学学術院教授．専門は社会学，メディア・文化研究．著書：『文化の実践，文化の研究』(編書，せりか書房)，『テレビジョン・ポリフォニー』(共編書，世界思想社)，『パラダイムとしての社会情報学』(共編書，早稲田大学出版部)，『社会学講座 8　社会情報』(共著，東京大学出版会) ほか．訳書：シルバーストーン『なぜメディア研究か』(共訳，せりか書房)，フィスク『テレビジョン・カルチャー』(共訳，梓出版社) ほか．

記憶・暴力・システム
——メディア文化の政治学

二〇〇五年七月七日　初版第一刷発行
二〇〇七年四月二五日　第二刷発行

著　者　伊藤　守
発行所　財団法人法政大学出版局
〒102-0073　東京都千代田区九段北3-2-7
電話　東京03（五二一四）五五四〇
振替　〇〇一六〇－六－九五八一四
整版・緑営舎　印刷・三和印刷
製本・鈴木製本所

ISBN978-4-588-10005-5

人名索引

ま 行

や 行

ら 行

事 項 索 引

さ 行

た 行

わ 行

欧 文

注

第1章

1 1985年に書かれた「「安楽」の全体主義」のなかで藤田省三は，現代の「高度技術社会」を支えている精神的基礎が「不愉快な社会や事柄と対面することを怖れ，それと相互的交渉を行なうことを恐れ，その恐れを自ら認めることを忌避して，高慢な風貌の奥へ恐怖を隠し込もうとする心性である」と指摘した（『全体主義の時代経験』みすず書房，5頁）。この指摘からすでに20年が経過したいま，私たちは記号のきらびやかな世界の背後にある言い知れぬ恐怖や不安を感じ，失われた安楽への途方もない願望と，安楽を破壊すると想定されたものへの暴力に突き進んでいるかにみえる。

2 Adorno (1970) SS. 247-381, 訳112頁。

3 Adorno & Horkheimer (1949) S. 19, 訳vii頁。

4 Ibid., S. 21, 訳xii頁。

5 Ibid., S. 78, 訳79頁。

6 Jay (1984) p. 513, 訳813頁。

7 Ibid., p. 507, 訳786頁。

8 Callinicos (1989) p. 81.

9 フーコーの「言説の編制」に関する議論については，Foucault (1969), また「規律的権力」については，Foucault (1975) を参照。

10 Honneth (1985).

11 Ibid.

12 Thompson (1981) pp.138-39. Jay, op.cit., p.508, 訳786頁も参照されたい。

13 バフチンの言語行為，言語と身体性の問題については，ボロシノフ名義の著作 Bahtin (1976)，ならびに従来の狭隘なラブレー解釈をカーニバル論を軸に打ち砕いた Bahtin (1974) を参照されたい。

14 ラカンの議論については，Lacan (1966) を参照。さらにその難解な議論

を理解する導きの糸として Dor (1985) を参照した。

15 Habermas (1985) S. 242, 訳 357 頁。

16 Hall, et al. (1980) ならびに Hall (1982) を参照。

17 Laclau & Mouffe (1985) を参照。

18 Hall (1992) pp.141-44 を参照。

19 Hall, et al. (1980) pp.128-38 を参照。

20 たとえば，Hall, Stuart & McGrew (eds.) (1992); McRobbie (1995); Hermes (1995); Morley & Robins (1995) を挙げておく。現代のテレビジョン文化の解釈をめぐる対立については，Fiske (1995) の邦訳書のあとがきでふれた。

第２章

1 1960 年に創刊された雑誌『テルケル（*Tel Quel*）』を中心に文筆活動を行なった人たちを指し，当時のフランス思想の構造主義や記号論への関心にもとづいて文芸批評の新しい方向を打ち出した。

2 Hebdige (1979), 訳 77 頁。

3 Ibid., 訳 80 頁。

4 Ibid., 訳 84 頁。

5 Ibid., 訳 112 頁。

6 この点については，Hall (1977) (1980a) (1980b) (1992) などの諸論考を参照されたい。

7 Althusser (1970), 訳 59 頁。

8 Ibid., 訳 82 頁。

9 Hebdige (1979), 訳 26 頁。

10 この問題に関しては，上記の Hall (1992) (1996) ならびに Slack (1996) を参照した。

11 Laclau (1977), 訳 100 頁。

12 Laclau (1977), 訳 124 頁。

13 Hall (1996) を参照。

14 Hall, et. al. (1983) p. 29.

15 Hall (1996) pp. 39-40.

16 尾高 (1960) 28-29 頁。

17 稲上 (1987) 263-266 頁。

18 間 (1960) 94 頁。

19 石川（1975 = 1987）342 頁。

第３章

1 1996 年に新潟大学人文学部の 3 年生約 60 名に行なったアンケート調査にもとづく。講義時間に『東京ラブストーリー』『ロングバケーション』のそれぞれ 3 回分の番組を見てもらい，各質問に記述式で自由に回答してもらった。

2 村松 (1996) を参照されたい。また，彼女のテレビ番組の分析から多くを学んだことを指摘しておきたい。

3 エンコーディングのプロセスが孕む政治性の問題については，いうまでもなく，Hall (1980) が必読文献である。さらに本章の分析は，Ang (1985) ならびに Ang (1991) の視点と関心をふまえている。

4 宮台・石原・大塚 (1993) 173 頁を参照。

5 節合 (articulation) 概念の理論的インプリケーションについては，Hall (1986) ならびに Slack (1996) を参照されたい。

6 フィスクの議論については，Fiske (1987) を参照されたい。彼の研究の意義と問題については同書の「訳者あとがき」や吉見 (2000) に詳しい。

7 なお，本章で分析した二つの番組に続く番組として『やまとなでしこ』を挙げることができる。この番組についての検討は，伊藤 (2003) で行なっている。また，伊藤 (2004) では，台湾における『東京ラブストーリー』『ロングバケーション』の受容をめぐる問題を切り口として，東アジア圏における文化消費と文化のグローバリゼーションの意味を考察している。これも併せて参照されたい。

第４章

1 竹山 (2003) 72 頁参照。

2 日本放送協会『調査時報』27，昭和 2 年 2 月号，7-8 頁参照。

3 『ラジオの日本』昭和2年2月号，4頁。逓信省事務官の中村寅市「先帝御登遐前後に於けるラジオの活動に就いて」のなかの文である。

4 「メディアと記憶」という問題設定についていえば，かなりの文献を挙げることができる。代表的な論考として，Hartmann (1997); Young (1988); Young (1993) があるが，テレビジョンと記憶の問題を提起するものとして，Silverstone (1999) を参照した。

5 この番組のビデオや DVD が発売される一方で，番組のプロデューサー今井彰監修の本 (2001) も発売され，長期にわたって主要書店の売り上げベストテンの上位を占めた。同書の「はじめに」には,「日本の戦後は,数千数万のプロジェクトのドラマの歴史であり，そこに身を投じた無名の人たちが困難に立ち向かってきた日々の記録でもあります。敗戦により，文化や科学技術が根絶やしになるほどの壊滅的な打撃を受け，日本人が絶望の前に立ち尽くしたのはわずか半世紀前のことです。ゼロからの挑戦が，日本人に与えられたテーマでした」と書かれている。ここでは，番組や公式ホームページよりも一層明瞭に,「日本の戦後」「日本人の絶望」「日本人にあたえられたテーマ」が強調されている。売り上げに関しては,『週刊読書人』2001年9月28日付の「ベストセラー告知板」を参照。また中島みゆきが歌うテーマソングの売り上げが発売以来月に2万枚売れ続ける記録的なロングヒットになるなど，この番組自身が一種の流行といえるほどの状況をつくりだしている。『朝日新聞』2001年9月20日付の記事「中島みゆき　大人に子守歌」を参照。

6 この番組の改竄をめぐっては，日本の右翼の圧力に NHK が屈するかたちで，改編が行なわれたとの指摘が多くなされている。高橋 (2001); 西野 (2001ab); 竹内 (2001) を参照されたい。

7 公式ホームページ http://www.nhk.or.jp/projectx/index.htm による。

8 この点に関しては，渋谷・酒井 (2000)，ならびに斎藤 (2000) を参照されたい。

9 Morley と Robins は，80年代の日本のテクノロジーに対する西欧の漠然とした羨望と脅威の感覚と認識のモードを「テクノ・オリエンタリズム」と呼んだが，阿部 (2001) が指摘するように,「テクノ・オリエンタリズム」の裏返しともいえる「テクノ・ナショナリズム」の表象としてこれらの番組を位置づけうるだろう。

10　番組を見て書いてもらったアンケートは，総数58枚，2001年10月に都内の私立大学の学生が書いたものである。「この番組をよく見るか」「番組を見て印象に残った点はなにか」「この番組の視聴率が比較的高く，人気番組になっている理由はどんなところにあるか」などの質問に自由に回答してもらった。そのなかで，「よく見る」「たまに見る」と回答した学生の数は18名，これまで一度も見たことがない学生は13名である。また高齢者のアンケートは，同じ内容で，東京都文京区に居住する60歳代の12名の方々から回答してもらった。

11　高橋 (2001) 209-19頁参照。

12　この「女性国際戦犯法廷」を伝えたテレビ局はNHKだけである。それは，外国の多くのメディアが自国でこの問題を伝えたことと対照的である。また，改竄問題を報道したメディアも，『朝日新聞』，『東京新聞』などに限定されている。最大の発行部数を占める『読売新聞』は一切論評しなかった。新聞報道の問題については吉見 (2003) を参照されたい。

13　「法廷」を主催したVAWW-NETが制作したビデオとNHKの放送番組を見比べてもらった後に，世田谷区在住の60歳代，70歳代の120名ほどの視聴者に自由に書いてもらった感想の一部である。また20代のアンケートは，上記と同様に二つの映像を見てもらった後，VAWW-NETが制作したビデオを見ての感想，番組を見ての感想，改竄したことに関する意見，をそれぞれ書いてもらった。対象は，2003年6月都内の私立大学の学生113名である。

14　本文では十分ふれられないが，80年代のメディア研究，オーディエンス研究の展開については，以下の文献を参照されたい。Morley (1992); Ang (1996); Ang (1991); 伊藤 (1999a); 伊藤 (1999b)。

15　加藤 (1958) 49-52頁。

第5章

1　Rother (2000), 訳125頁。

2　Hoffmann (1993), S. 33.

3　Rother (2000), 訳141頁。

4　Hoffmann (1993) S. 155.

5 瀬川 (2002) 13-37 頁を参照されたい。

6 平井 (1999) 168 頁。

7 高橋 (2001) 224 頁。

8 ワンダーフォーゲルが火と森の民俗学を掘り起こした際に参照したのが民俗学者ヴィルヘルム・ハインリヒ・リールであり，当時国内の第一級の教育学者と目されていたルートヴィヒ・グルリットである。彼らの民族主義的なロマン主義への傾倒は，「郷土」をキリスト教に代わるものとして強く打ち出し，自然から高度な宗教的感情を得ることを主張した。この主張には，ゲルマン精神を抑圧してきたカソリック教会のみならず，文学や芸術に貢献してきた古典ギリシアの文化もドイツ民族の精神に合致しないとして批判の対象とされた。ドイツにおけるギリシア崇拝もけっして一枚岩ではなく，錯綜した文化状況にあったことを付記しておきたい。

9 田村 (1996) 56 頁。

10 有賀 (2002) 175 頁。

11 本章ではトゥルネンを「体操」と訳している。そこで注意すべきは，この「体操」が「スポーツ」とは異なる概念としてトゥルネン協会においては使われていたということである。当時の文脈において，「スポーツ」とはイギリスによって発展させられた勝利を獲得することをめざす個人主義的な行ないとして位置づけられ，集団性と民族の精神を強調するドイツのトゥルネンとは異質な，批判すべき対象であった。本章では，このトゥルネンとスポーツの節合関係がいかなる論理で行なわれたかという問題には立ち入る余裕がないが，両者を明確に区別することはトゥルネンの本質を知る上で重要だろう。

12 Schmidt (1996), 訳 11 頁。

13 Baxmann (2000) SS. 215-22.

14 瀬川 (2002) 228 頁。

15 池田 (2004) 226 頁。

16 当時の批評の一部を記しておく。

> これは世評の如く，恐らく記録映画として最も優れた，最も面白いもののひとつであらう。周到な準備，素晴らしいカメラの機能，見事な編集等，この映画を成功させた要素は，色々と場面から感ぜら

れるが，何よりも印象に残ったのは映画の真実を写す強みであって，映画のもっとも原始的な写実的興味が全く壓倒的であったのは多少意外でもあった。選手の競技前の表情，その疾走や跳躍，観覧席の情景等が，次から次と二時間を退屈する暇もなく展開して，それをあれだけ精細に写し取った努力と成功がこの映画の最大の魅力であると考へられる。その意味においてこの活動写真の勝利，カメラの勝利と云ふことが出来やう。(大塚 (1940) 70 頁)

6 月 14 日，その日私は街の呼買の夕刊が巴里会場を報らせるのを横目に見ながら，東和商事の試写室に急いだ。そのすぐあとではもう，四年前の全世界の実にも美はしい交歓を謳った映画『民族の祭典』に私は文字通り感激の涙して見入ったのである。まことに私にとって忘れ難い劇的な午後であった。この映画を偶然にも巴里の開城の報と共に併せ見た私の感慨は，何か素晴らしい掌中の宝石をこなごなにこわしてしまったといった様な感じである。(清水 (1940) 74 頁)

日本で上演された 1940 年は，ナチがパリを占拠した年であり，予定されていた東京オリンピックが中止となった年でもある。

第 6 章

1 「情報社会」の成立をどの時点に見定めるか，いまだその定説はない。ちなみに弘文堂の『社会学事典』(1988) では，情報社会を「情報が価値とみなされ，情報によって機能する社会」と規定し，その成立を「ラジオの発達以後」としている。また有斐閣の『社会学辞典』(1993) の「情報社会」の項では，情報社会についての規定はあえて避けて，「コンピュータの発達，普及を中心とする社会の情報化を，現代社会の革新的変動要因としてみる」情報社会論が60年代以降に展開されたと述べた上で，「高度情報社会論は，コンピュータと電気通信の統合システム化という第二次情報革命による，社会の情報化のより高度な進展をさす」と記述している。その点で，情報社会について直接規定してはいないものの，「コンピュータの発達，普及を中心とする社会の情報化」がはじまった時点を「情報社会」の生成期とみなしていると考えてよいだろう。いず

れにしても，「情報社会」と「非 - 情報社会」を弁別する時代区分，それ以上に弁別するための論理，基準がいまだ確定していないために，多様な規定が行なわれているのが現状である。本章では,「情報化」を「コンピュータの発達と普及過程」と重なる時期と限定して捉える。

2 佐藤 (1996) 20-21 頁，参照。

3 盛山 (2000) 11-12 頁，参照。本書から多くを学んだ。特に，「フーコーの権力論の混乱」（136-43 頁）で提出された論点は，Honnet (1985) など他の論者からも指摘されており首肯できるものである。だが，構造主義的イデオロギー論やポストモダンの権力論やあるいはサイードやスピヴァクらの議論について「社会的観念図式が，一枚岩であって，かつ抑圧としてのみ作動していると考える点において間違っている」との指摘にはいくつかの疑問が残る。その点についてはあらためて論じるほかない。

4 Foucault (1969) を参照。ところでフーコーの権力論を導きの糸として「消費社会と権力」というテーマを設定したのが，よく知られるように，内田 (1987) である。彼によれば,「社会システムというのは一定の書式に基づく操作 (＝行為) の体系」であり,「それは，モノ／記号／身体といった基本的な要素を操作の対象としており，その操作を可能にするには，それらの基本的な要素を一定の書式に合わせてフォーマットしておく必要がある」という。これらの諸要素が一定の書式，一定の基準に従ってフォーマットされるときにはじめて，社会システムの作動が可能となる。このモノと記号と身体という基本的な要素を関連づけ，相関させ，節合させて，人々の行為を文字どおり有意味な行為をして組織し，ある出来事の生成を促す「力の関係」を権力の作用と捉える。本章でも，この内田の指摘に倣うかたちで，権力概念を規定する。ただし，本文から理解されるように，本章の狙いは「消費社会論」の視点からでは見えない権力の作用を捉えることに関心がある。

5 この問題については，Siegel & Markoff (1985); Giddens (1985); 西垣 (1991) らの論考を参照されたい。

6 Siegel & Markoff (1985) p. 18 参照。

7 インターネットの成立に関わる文化的な背景については，Castells (1996) p. 351，さらに古瀬・広瀬 (1996) 17-23 頁に詳しい。

8 Virilio (1996), 訳 36 頁。

9 Castells (1996) p. 345.

10 Ibid., p. 152.

11 Harvey (1990), 訳 143 頁。

12 Castells (1996) pp. 154-55.

13 Ibid., p. 196.

14 Mohammadi (1997) pp. 76-77.

15 Garnham (1990) pp. 136-39.

16 この民営化の結果，日本の通信分野では，みずから電気通信回線設備を設置してサービスを提供する「第一種通信事業者」と，電気通信回線設備を持たずその設備を借りてコンピュータによる情報処理サービスを行なう「第二種通信事業者」という二つの異なる事業者が設定され，これまで電電公社と国際電電が独占してきた電気通信事業分野に民間企業の新規参入が可能となった。こうした国内的な事情以上に見過ごすことができないのは，制度改革が国内通信市場の開放とともに国内資本の海外進出の道を拓く転換点をなしたことである。言い換えれば，グローバルに展開する巨大な通信事業体間の激烈な競争と連携のなかに国内市場を組み入れつつ，海外市場において国内資本が優位なポジションをいかに獲得し，ヘゲモニーをいかに確保するのかという，これまでとは位相をまったく異にする，きわめて政治的な，かつ経済的なコンテクストが設定されたということだ。かつて，近代国家構築の成立期において，国家全域に電信網をはりめぐらすことは必須の課題とみなされ，通信事業は国家の統治のための不可欠の手段として重要な国家の事業であった。通信事業は国家支配と対外進出のための基盤的な分野としてつねに国家の管理下におかれ，支配体制の構築に多大な貢献をしてきたと言える。戦後もこうした観点は堅持され，電気通信分野は国家的な事業経営の対象とされ，政府の全額出資の特殊法人として独占的事業を続けてきたのである。このような歴史的な文脈に照らしてみるとき，80 年代に始まる構造的変化がなにを帰結することになるのか，今後の動向も含め慎重な検討が必要だろう。山根 (2000) の先駆的な研究を参照されたい。

17 Croteau & Hoynes (1997) p. 295.

18 Sabbah (1985) p. 219.

19 MaQuail (1997) p. 138.

20 Virilio (1996), 訳 8 頁。

21 Ibid., 訳 16 頁。

22 Ibid., 訳 16 頁

23 ヴィリリオは，電子メディアによる「絶対速度」「遠隔的現前」の成立それ自体が，他者との身体的なかつ近接的な関係のなかではじめて立ち現われる「固有の身体」を無限定的なものに変換し，「固有の世界」との接触を失わせてしまうのだという。彼はこの「固有の身体」「固有の世界」の喪失に，現在の権力作動を感知する。だが，より深い検討を要する問題は，「絶対速度」それ自体というよりも，電子メディア回路の内部に広がる「絶対速度」をリアルなものと編成し，「絶対速度」の広がりの中に人々を巻き込む一方で，世界システムの中心部と周辺に社会的不均衡を常態化させるメカニズムが生成していることだ。

24 Harvey (1990) p. 377.

25 Castells (1996) pp. 412-16.

26 Ibid., p. 416.

27 酒井・渋谷 (2000) 81-82 頁。

28 Castells (1996) p. 437.

29 Croteau & Hoynes (1997) pp. 292-93.

30 通信放送分野に市場原理が持ち込まれたことで生まれた問題は本文で指摘した以外にも数多く存在するが，ここでは 2 点を指摘しておきたい。一つは，ソフトの購入価格の高騰である。BS 放送，CS 放送，ケーブルなど，セグメント化されたチャンネルに多くの視聴者を引き付けるために，視聴者の関心と興味を強く引き付けるソフトを獲得することが重要となる。その結果，ソフトの購入価格の高騰が起きる。たとえば，世界最大のスポーツの祭典といわれるワールドカップ，この 1998 年フランス大会の全世界の視聴者は延 400 億人を越えたと言われている。その 2002 年と 2006 年の大会の放送権を手中にしたのが，ドイツのキルヒグループとスイスの代理店 ISL ワールドワイドである。その放送権料は，2002 年が 13 億スイスフラン，2006 年が 15 億スイスフランという。この決定によって，各テレビ局はこれまでの 10 〜 12 倍の放送権料を支払うことになった。第二は，先進国のなかでさえ，市場主義の徹底によるソフトの高騰によって，「視聴する権利」が制限されかねない状況があ

るという問題である。イギリスの事例を参考にしよう。B sky B はスポーツ有料チャンネルを加入者獲得戦略の中心と考え，イギリスのスポーツ放送権を次々に獲得した。しかも当時のサッチャー政権は放送分野に競争原理を導入することを支持し，こうした B sky B の独占放送権獲得を規制しなかった。こうしたなか，B sky B が，1996 年 1 月，特別指定行事であるオリンピックのヨーロッパ放送権獲得に乗り出したことを契機に，イギリスでは国民の誰もがビッグスポーツを視聴する権利，つまりユニバーサル・アクセス権を守ろうとする議論が再燃し，1996 年の放送法で，地上波フリーツーエアー (free to air) によるビッグスポーツの放送が確保されたという経緯がある。フリーツーエアーとは，受信料と広告収入を財源とするサービス，つまり視聴者が追加料金を支払わずに受信できるサービスを指している。これら一連の事態は放送の「公共的」役割など従来のメディア制度の反省をせまるものとなった。

31 Castells (1996) p. 456.

32 Bourdieu (1996), 訳 82 頁。

33 この小論を執筆中に，9 月 11 日の「同時多発テロ」が起きた。ここで詳論することは不可能だが，アメリカのメディア報道と共にそれと直接リンクした日本国内の報道について精緻な分析を行なう必要がある。本文で示唆したように，メディアが召還するオーディエンスのポジションは明らかにネイションという「想像の政治的共同体」を超えはじめているように思える。

34 Melucci (1989) pp. 110-17.

第 7 章

1 Louw (2001) 参照。

2 アメリカ国内におけるテレビ報道の問題については，日本でもかなり紹介されはじめている。Said (2002); Sontag (2002); Chomsky (2001)，そして Gluck (2002) を参照されたい。

3 日本の報道をめぐる課題については，伊藤 (2002a) でも指摘した。

4 辺見 (2001) 参照。

5 テレビというメディアのメディア特性として，あらためて「映像」と

「語り」の関係性に着目する必要がある。伊藤 (2002b) では，この問題を取り上げている。

第８章

1 Benjamin (1931), 訳 553 頁。
2 Ibid., 訳 567 頁。
3 Ibid., 訳 559 頁。
4 Ibid., 訳 571 頁。
5 Barthes (1980), 訳 142 頁。
6 Ibid., 訳 9 頁。
7 Benjamin (1916), 訳 13 頁。
8 Ibid., 訳 18 頁。
9 Ibid., 訳 35 頁。

参照文献

第１章

Adorno, Theodor W. (1970) *"Drei Studien zu Hegel"*, in Gesammelte Schriften, hrsg. von Adorno Gretel und Tiedemann. R. und Schweppenhauser, H. Suhrkamp, Bd. 5. 渡辺祐邦訳 (1986)『三つのヘーゲル研究』河出書房新社。

Adorno, Theodor W. und Horkheimer, Max (1949) *Dialektik der Aufklärung: Philosophische Fragmente,* in Horkheimer, Max, *Schriften Gesammelte,* Suhrkamp, Bd. 5. 徳永恂訳 (1990)『啓蒙の弁証法』岩波書店。

Bahtin, Mikhall ／桑野隆訳 (1976)『マルクス主義と言語哲学』未來社。

Bahtin, Mikhall ／川端香男里訳 (1974)『フランソワ・ラブレーの作品と中世ルネッサンスの民衆文化』せりか書房。

Bernstein, J. M. (1995) *Recovering Ethical Life : Jürgen Habermas and the future of critical theory,* Routledge.

Bocock, Robert & Thompson, Kenneth (1992) *Social and Cultural Forms of Modernity,* Polity.

Calhoun, Craig (ed.) (1992) *Habermas and the Public Sphere,* The MIT Press.

Callinicos, Alex (1989) *Against Postmodernism : A Marxist Critique,* Polity.

Dor, Joël (1985) *Introduction à la Lecture de Lacan,* Denoël. 小出浩之訳 (1989)『ラカン読解入門』岩波書店。

Eder, Klaus (1988) *Die Vergesellschaftung der Natur : Studien zur sozialen Evolution der praktischen Vernunft,* Suhrkamp. 寿福真美訳 (1993)『自然の社会化――エコロジー的理性批判』法政大学出版局。

Jay, Martin (1984) *Marxism and Totality,* University of California Press. 荒川幾男他訳 (1993)『マルクス主義と全体性――ルカーチからハーバーマスへの概念の冒険』国文社。

Jay, Martin (1993) *Force Fields,* Routledge.

Fiske, John (1987) *Television Culture,* Methuen. 伊藤守・藤田真文他訳 (1995)『テ

レビジョンカルチャー――ポピュラー文化の政治学』梓出版社。

Foucault, Michel (1969) *L'Archéologie du Savoir*, Gallimard. 中村雄二郎訳 (1970)『知の考古学』河出書房新社。

Foucault, Michel (1975) *Surveiller et punir: Naissance de la prison,* Gallimard. 田村俶訳 (1977)『監獄の誕生――監視と処罰』新潮社。

Habermas, Jürgen (1985) *Der Philosophische Diskurs der Moderne,* Suhrkamp. 三島憲一他訳 (1990)『近代の哲学的ディスクルスⅠ』岩波書店。

Habermas, Jürgen (1981) *Theorie des Kommunikativen Handelns,* Suhrkamp. 河上倫逸他訳 (1987)『コミュニケイション的行為の理論』下巻，未來社。

Habermas, Jürgen (1976) *Zur Reconstruction des Histrischen Materialismus,* Suhrkamp.

Hall, Stuart et al. (eds.) (1980) *Culture Media Language,* Hutchnson.

Hall, Stuart (1982) "The Rediscovery Ideology : return of the repressed in media studies," in Gurvitchet, M. et. al. (eds.) *Culture Society and the Media*, Routlege.

Hall, Stuart et al. (eds.) (1992) *Modernity and its Futures,* Polity.

Hall, Stuart (1992) *Stuart Hall; Critical Dialogue in Cultural Studies,* Routledge.

Hermes, Joke (1995) *Reading Women's Magazines,* Polity.

Honneth, Axel (1985) *Kritik der Macht: Reflextionsstufen einer kritischen Gesellschafts-theorie,* Suhrkamp.　河上倫逸監訳 (1992)『権力の批判――批判的社会理論の新たな地平』法政大学出版局。

Honneth, Axel (1992) *Kampf um Anerkennung: Zur moralischen Grammatik sozialer Konflikte,* Suhrkamp.　山本啓・直江清隆訳 (2003)『承認をめぐる闘争――社会的コンフリクトの道徳的文法』法政大学出版局。

Lacan, Jacques (1966) *Ecrits*, Editions du Seuil.　宮本忠雄他訳 (1977)『エクリⅠ』弘文堂。

Laclau, Ernesto & Mouffe, Chantal (1985) *Hegemony and Socialist Strategy,* Verso.

Melucci, Alberto (1989) *Nomads of the Present : social movement and individual needs in contemporary society*, tr. by Keane, J. and Mier, P., Temple University Press.

McRobbie, Angela (1995) *Postmoderism and Popular Culture,* Routledge.

Morley, David and Robins, Kevin (1995) *Spaces of Identity,* Routledge.

Morley, David (1992) *Television Audiences and Cultural Studies,* Routledge.

Silverstone, Roger (1994) *Television and everyday Life*, Routledge.

Thompson, John B. (1981) *Critical Hermeneutics: A Study in the Thought of Paul Ricoeur*

and Jürgen Habermas, Cambridge University Press.
藤田省三 (1985)「「全体主義」の時代経験」,『思想の科学』9 月号。
桑野隆 (1987)『バフチン――対話そして解放の笑い』岩波書店。
徳永恂編 (1989)『フランクフルト学派再考』弘文堂。
徳永恂 (1979)『現代批判の哲学』東京大学出版会。

第 2 章

Althusser, Louis (1970) *Idéologie et apparreils idéologiques d'Etat,* Sepirm. 柳内隆訳 (1992)「イデオロギーと国家のイデオロギー装置」,『アルチュセールのイデオロギー論』三交社。
Althusser, Louis (1965) *Pour Marx,* La Decouverte/Maspero. 河野健三・田村俶・西川長夫訳 (1994)『マルクスのために』平凡社ライブラリー。
Castells, Manuel (1996) *The Information Age: Economy, Society and Culture,* Volume 1, *The rise of the Network society,* Blackwell. 矢澤修次郎・伊藤守他訳で近刊予定。
Cohen, P. (1972) "Subcultural Conflict and Working-Class Community," in *Rethinking the Youth Question*, Macmillan.
Hall, Stuart and Jefferson, T. (eds.) (1976) *Resistance through Rituals: Youth Subcultures in Post-War Britain*, Hutchinson.
Hall, Stuart (1977) "Rethinking the 'Base and Superstructure' Metaphor," in Bloomfield, J. et al. (eds.) *Class, Hegemony and Party,* Lawrence & Wishart.
Hall, Stuart et al. (eds.) (1980) *Culture, Media, Language*, Hutchinson.
Hall, Stuart (1980a) "Cultural Studies: Two Paradigms," in Collins, R. et al. (eds.) (1986) *Media Culture & Society*, Sage.
Hall, Stuart (1980b) "Popular-Democratic vs. Authoritarian-Populism: Two Ways of Taking Democracy Seriously," in Hunt, A. (ed.) *Marxism and Democracy,* Lawrence & Wishart.
Hall, Stuart & Jaques, Martin (eds.) (1983) *The Politics of Thatcherism,* Lowrence & Wishart.
Hall, Stuart (1986) "On Postmodernism and Articulation: an Interview with Stuart Hall," in Morley, David and Kuan-Hsing Chen (eds.) (1996) *Stuart Hall: Critical Dialogues in Cultural Studies,* Routledge.

Hall, Stuart (1988) *The Hard Road to Renewal: Thatcherism and the Crisis of the Left*, Verso.

Hall, Stuart (1992) "Cultural Studies and its Theoretical Legacies," in Grossberg, L., Nelson, C. and Treichler, P. (eds.) *Cultural Studies*, Routledge.

Hall, Stuart. (1996) "The Problem of Ideology: Marxism without Guarantees," in Morley, D. and Kuan-Hsing Chen (eds.) *Stuart Hall: Critical Dialogues in Cultural Studies*, Routledge. 大中一訳 (1998)「イデオロギーという問題――保証なきマルクス主義」,『現代思想』臨時増刊「総特集ステュアート・ホール」。

Hebdige, Dick (1979) *Subculture: the Meaning of Style,* Methuen. 山口淑子訳 (1986)『サブカルチャー――スタイルの意味するもの』未來社。

Hoggard, Richard (1957) *The Uses of Literacy.* 香内三郎訳 (1974)『読み書き能力の効用』晶文社。

Laclau, Ernesto (1977) *Politics and Ideology in Marxist Theory: Capitalism-Fascism-Populism,* NLB. 大阪経済法科大学法学研究所訳 (1985)『資本主義・ファシズム・ポピュリズム』大村書店。

Laclau, Ernesto (1980) "Populist Rupture and Discourse," in *Screen Education*, No.34.

Laclau, Ernesto and Mouffe, Chantal (1985) *Hegemony and Socialist Strategy: towards radical democratic politics,* (trs.) by Winston, M. and Cammack, P., Verso. 山崎カオル・石澤武訳 (1992)『ポスト・マルクス主義と政治――根源的民主主義のために』大村書店。

Slack, Jennifer Daryl (1996) "The Theory and Method of Articulation in Cultural Studies," in Morley, D. and Kuan-Hsing Chen (eds.), *Stuart Hall: Critical Dialogues in Cultural Studies,* Routledge.

Willis, Paul (1977) *Learning to Labour: How Working Class Kids Get Working Class Jobs,* Ashgate. 熊沢誠・山田潤訳 (1985)『ハマータウンの野郎ども』筑摩書房。

稲上毅 (1987)「労働者意識の性格と変貌　解説」,『リーディングス　日本の社会学 9』東京大学出版会。

石川晃弘 (1975)『社会変動と労働者意識――戦後日本におけるその変容過程』日本労働協会（稲上毅・川喜多喬編（1987）『リーディングス　日本の社会学 9 産業・労働』東京大学出版会に所収)。

伊藤守 (1999)「時間・空間の新たな社会的編制と情報都市」,『都市問題研究』第 51 巻 4 号。

間宏 (1960)「労働者の意識　その 1」，福武直編『日本人の社会意識』三一書房。
尾高邦雄 (1960)「組合意識と企業意識——労働者意識の構造分析」，のちに『日本の経営』中央公論社，1965 年に加筆・収録。
小笠原博毅 (1998)「文化政治におけるアーティキュレーション」，『現代思想』臨時増刊「総特集ステュアート・ホール」。
酒井隆史 (2001)『自由論』青土社。
渋谷望 (2003)『魂の労働——ネオリベラリズムの権力論』青土社。

第 3 章

Ang, Ien (1985) *Watching Dallas: Soap opera and the melodramatic imagination*, Routledge.
Ang, Ien (1991) *Desperately seeing the Audience,* Routledge.
Hall, Stuart (1980) "Encoding and decoding," in Hall, S. et al. (eds.) *Culture, Media, Language*, Hutchinson.
Hall, Stuart (1986) "On Postmodernisim and Articulation: An interview with Stuart Hall," in Morley, David. and Kuan-Hsing Chen (eds.) (1996) *Cultural Studies,* Routledge.
Inglis, Fred (1990) *Media Theory: An Introduction,* Blackwell. 伊藤誓・磯山甚一訳 (1992)『メディアの理論』法政大学出版局。
Fiske, John (1987) *Television Culture: popular pleasure and politics*, Methuen. 伊藤守・藤田真文他訳 (1995)『テレビジョンカルチャー』梓出版社。
Fiske, John (1984) *Reading the Popular,* Routledge. 山本雄二訳 (1998)『抵抗の快楽』世界思想社。
Slack, Jennifer Daryl (1996) "The Theory and Method of Articulation in Cultural Studies," in Morley, David. and Kuan-Hsing Chen (eds.) *Cultural Studies,* Routledge.
Storey, John (1996) *Cultural Studies and the Study of Popular Culture: Theories and Methods*, Routledge.
伊藤守 (2003)「90 年代の日本のテレビドラマにみる女性性の表象」，岩渕功一編『グローバル・プリズム——アジアン・ドリームとしての日本のテレビドラマ』平凡社。

伊藤守 (2004)「「日本偶像劇」と錯綜するアイデンティティ――台湾における日本製テレビドラマの消費」，岩渕功一編『超える文化，交錯する境界――トランス・アジアを翔けるメディア文化』山川出版社。

佐藤毅 (1990)『マスコミの受容理論』法政大学出版局。

村松泰子 (1996)「テレビドラマのジェンダー表現と女性視聴者」，『カルチュラル・スタディーズとの対話』新曜社。

宮台真司・石原英樹・大塚明子 (1993)『サブカルチャー神話解体』パルコ出版。

吉見俊哉 (2000)「テレビを読む――カルチュラル・スタディーズからの接近」，小林康夫・松浦寿輝編『メディア――表象のポリティクス』東京大学出版会。

第４章

Ang, Ien (1991) *Deparetely Seeing the Audience*, Routledge.

Ang, Ien (1996) "On the Politics of Empirical Audience Research," in *Living Room Wars, Routledge*. 山口誠訳 (2000)「経験的オーディエンス研究の政治性について」，吉見俊哉編『メディア・スタディーズ』せりか書房。

Foucault, Michel (1969) *Archéeologie du savoir*, Gallimard. 中村雄二郎訳 (1981)『知の考古学』河出書房新社。

Habermas, Jürgen (1962) *Strukturwandel der Öffentlichkeit; Untersuchungen zu einer Kategorie der bürgerlichen Gesellschaft,* Neuwied (Luchterhand). 細谷貞雄・山田正行訳 (1973)『公共性の構造転換』未來社。

Hall, Stuart (1980) "Popular-Democratic vs. Authoritarian-Populism; Two Ways of Taking Democracy Seriously," in Hunt, A., (ed.), *Marxism and Democracy,* Lawrence & Wishart.

Hall, Stuart (1986) "On Postmodernism and Articulation: an Interview with Stuart Hall," in Morley, D. and Chen, Kuan-Hsing (eds.) (1996) *Stuart Hall ; Critical Dialogues in Cultural Studies*, Routledge.

Hartmann, Geffrey H. (1997) "The cinema animal," in Yosefa Loshitsky (ed.), *Spielberg's Holocaust*, Indiana University Press.

Morley, David & Robins, Kevin (1995) *Spaces of Identity; global media, electronic landscapes and cultural boundaries,* Routlege.

Morley, David and Kuan-Hsing Chen (eds.) (1996) *Stuart Hall; Critical Dialogues in Cultural Studies*, Routledge.

Morley, David (1992) *Television Audiences and Cultural Studies*, Routledge.

Field, Norma (1991) *In the Realm of a Dying Emperor,* Pantheon Books. 大島かおり訳 (1994)『天皇の逝く国で』みすず書房。

Silverstone, Roger (1999) *Why Study the media?* SAGE. 吉見俊哉・伊藤守・土橋臣吾訳『なぜメディア研究か——経験・テクスト・他者』せりか書房。

Young, James E. (1988) *Writing and Rewriting the Holocaust; Narrative and the Consequences of Interpretation,* Indiana University Press.

Young, James E. (1993) *The Texture of Memory : Holocaust Memorials and Meaning,* Yale University Press.

阿部潔 (2001)『彷徨えるナショナリズム——オリエンタリズム／ジャパン／グローバリゼーション』世界思想社。

今井彰 (2001)『プロジェクト X ——リーダーたちの言葉』文藝春秋。

伊藤守 (1999a)「オーディエンスの変容を記述する視点と方法——オーディエンス・スタディーズとメディア消費の空間論」,『マス・コミュニケーション研究』55 号。

伊藤守 (1999b)「テレビジョン，オーディエンス，メディア・スタディーズの現在」，伊藤守・藤田真文編『テレビジョン・ポリフォニー——番組･視聴者分析の試み』世界思想社。

加藤秀俊 (1958)「テレビジョンと娯楽」,『思想』No.413。

北原恵 (2001)「沈黙させせられたのは誰か」,『インパクション』124 号。

斎藤純一 (2000)『公共性』岩波書店。

渋谷望・酒井隆史 (2000)「ポストフォーディズムにおける人間の条件」,『現代思想』vol. 28-9。

高橋哲哉 (2001)「何が直前に消されたか」,『世界』5 月号。

竹山昭子 (2002)『ラジオの時代——ラジオは茶の間の主役だった』世界思想社。

竹内一晴 (2001)「『問われる戦時性暴力』改変にみる『編集権』とは何か　上／下」,『放送レポート』7/8, 9/10。

西野瑠美子 (2001a)「NHK 消された映像：ETV 特集『戦争をどう裁くか』改変問題」,『マスコミ市民』5 月号。

西野瑠美子 (2001b)「NHK『女性国際戦犯法廷』番組改変騒動のその後」,『創』

5月号。
米山リサ (2001)「メディアの公共性と表象の暴力」,『世界』7月号。
吉見俊哉 (2003)「女性国際戦犯法廷とナショナル・メディアの沈黙」,『カルチュラル・ターン，文化の政治学へ』人文書院。
VAWW-NET ジャパン編 (2002)『裁かれた戦時性暴力』白澤社。

第5章

Baxmann, Inge (2000) *Mythos, Gemeinshaft: Körper und Tanzkulturen in der Moderne,* Wilhelm Fink.
Foucault, Michel (1975) *Surveiller et Punir: Naissance de la Prison*. Gallimard. 田村俶訳 (1977)『監獄の誕生――監視と処罰』新潮社。
Hoffmann, Hilmar (1993) *Mythos Oiympia: Autonomie und Unterwerfung von Sport und Kultur*, Aufbau.
Gay, Peter (1968) *Weimar Culture: The Outsider as Insider.* 亀嶋庸一訳 (1987)『ワイマール文化』みすず書房。
Plessner, Helmuth (1935) *Die verspätete Nation; uber die politische Verfuhrharkeit burgerlichen Geistes,* Suhrkamp. 松本道介訳 (1995)『ドイツロマン主義とナチズム――遅れてきた国民』講談社学術文庫。
Rother, Rainer (2000) *Leni Riefenstahl: Die Verführung des Talents,* Henschel. 瀬川裕司訳 (2002)『レーニ・リーフェンシュタール――美の誘惑者』青土社。
Schmidt, Jochen (1996) *Die neue Freiheit des Körpers: Der deutsche Tanz in der ersten Hälfte des 20. Jahrhunderts.* 小高慶子訳 (1996)「新しい身体の自由―― 20世紀前半のドイツ舞踊」,『ドイツ・ダンスの100年』ドイツ文化センター。
有賀郁敏 (2002)「西南ドイツにおけるトゥルネン協会運動―― 1840年代のシュヴァーベンを中心に」,『近代ヨーロッパの探求8　スポーツ』ミネルヴァ書房。
池井優 (1994)『オリンピックの政治学』丸善ライブラリー。
池田浩士 (2004)『虚構のナチズム』人文書院。
上山安敏 (1994)『世紀末ドイツの若者』講談社学術文庫。
大塚恭一 (1940)「民族の祭典――批評Ⅰ」,『映画評論』第22巻7号。
清水晶 (1940)「民族の祭典――批評Ⅱ」,『映画評論』第22巻7号。

瀬川裕司 (2002)『美の魔術』パンドラ。

高橋秀寿 (2001)「ナショナリティ」，矢野久／アンゼルム・ファウスト (2001)『ドイツ社会史』有斐閣。

田村栄子 (1996)『若き教養市民層とナチズム』名古屋大学出版会。

平井正 (1999)『レニ・リーフェンシュタール—— 20 世紀映像論のために』晶文社。

三島憲一 (1983)「生活世界の隠蔽と開示—— 19 世紀における精神科学の成立上」，『思想』10 月号。

第 6 章

Baker, Chris (1999) *Television, Globalization and Cultural Identities,* Open University Press.

Bourdieu, Pierre (1996) *Surla Television,* LIBER. 櫻元陽一訳 (2000)『メディア批判』藤原書店。

Castells, Manuel (1996) *The Rise of the Network Society*, Blackwell.

Castells, Manuel (1999) 大澤善信訳『都市・情報・グローバル経済——社会学の思想』青木書店。

Croteau, David & Hoynes, William (1997) *Media/Society: Industries, Images, and Audiences,* Pine Forge Press.

Featherstone, Mike & Lash, Scott (ed.) (1999) *Spaces of Culture: City, Nation, World,* Sage.

Foucault, Michel (1969) *L'Archéologie du savoir,* Gallimard. 中村雄二郎訳 (1970)『知の考古学』河出書房新社。

Foucault, Michel (1976) *L'Historie de la Sexualité,* I, *La volonté, de Savoir,* Gallimard. 渡辺守章訳 (1986)『性の歴史 I　知への意志』新潮社。

Garnham, Nicholas (1990) *Capitalism and Communication; Global Culture and the Economics of Information,* Sage.

Giddens, Anthony (1985) *The Nation-state and Violence*, Polity. 松尾精文・小幡正敏 (1999)『国民国家と暴力』而立書房。

Harvey, David (1990) *The Condition of Postmodernity: An Enquiry into the Origins of Cultural Change,* Blackwell. 吉原直樹監訳 (1999)『ポストモダニティの条件』

青木書店。

Harvey, David (1996) *Justice, Nature & the Geography of Difference*, Blackwell.

Honneth, Axel (1985) *Kritik der Macht; Reflexionsstufen einer kritischen Gesellschaftstheorie,* Suhrkamp.　河上倫逸監訳 (1992)『権力の批判——批判的社会理論の新たな地平』法政大学出版局。

Martin, Luther H., Gutman, Huck and Hutton, Patrick H. (1988) *Technologies of the Self: A Seminar with Michel Foucault,* The University of Massachusetts Press.　田村俶・雲和子訳 (1990)『自己のテクノロジー』岩波書店。

McQuail, Denis (1997) *Audience Analysis*, Sage.

Melucci, Alberto (1989) *Nomads of the Present; Social Movements and Individual Needs in Contemporary Society,* Temple University Press.

Melucci, Alberto (1996) *The Playing Self; Person and Meaning the Planetary Society,* Cambridge University Press.

Mohammadi, Ali (ed.) (1997) *Internationl Communication and Gobalization: A Critical Introduction,* Sage.

Poster, Mark (1990) *Te Mode of Information; Poststructuralism and Social Context,* Polity. 室井尚・吉岡洋訳 (1991)『情報様式論』岩波書店。

Silberstone, Roger (1994) *Television and everyday life*, Routledge.

Silberstone, Roger (1999) *Why Study the media?* Sage.

Siegel, Lenny & Markoff, John (1985) *The High Cost of High Tech: the dark side of chip,* Harper & Low. 野本陽代訳 (1986)『米国コンピュータ事情——ハイテク社会の代償』岩波書店。

Sabbah, Francoise (1985) 'The New Media' in Castelles, M (ed.) *High Technology, Space and Society,* Sage.

Thompson, John (1995) *The media and Modernity*, Polity.

Tomlinson, John (1991) *Cultural Imperialism; A Critical Introduction*, London Printer. 片岡信訳 (1993)『文化帝国主義』青土社。

Virilio, Paul (1995) *"La deribe des continents," La visse de liberation*, Galilee. 暮沢剛巳訳 (2001)「大陸の漂流」,『現代思想』1 月号。

Virilio, Paul (1996) *Cybermonde, la politique du pire entretiens avec Philippe,* PETIT. 本間邦雄訳 (1998)『電脳世界——最悪のシナリオへの対応』産業図書。

Webster, Frank (1995) *Theories of the Information Society,* Routledge.

伊藤守・花田達朗 (1999)「「社会情報化」の構造と論理――社会的諸力の葛藤のプロセスとしての情報化」,『講座社会学 8　社会情報』東京大学出版会。
内田隆三 (1987)『消費社会と権力』岩波書店。
小倉利丸 (2001)「グローバルガバナンスと「IT」をめぐる経済政治学批判のために」,『現代思想』1 月号。
小林宏一 (2000)「メディア変容の現在」,『文化としての IT 革命』晶文社。
酒井隆史・渋谷望 (2000)「ポストフォーディズムにおける〈人間の条件〉――エートス政治と「第三の道」」,『現代思想』9 月号。
佐藤俊樹 (1996)『ノイマンの夢・近代の欲望――情報化社会を解体する』講談社。
盛山和夫 (2000)『社会科学の理論とモデル 3　権力』東京大学出版会。
西垣通 (1991)『デジタルナルシス――情報科学パイオニアたちの欲望』岩波書店。
浜田純一 (1993)『情報法』有斐閣。
古瀬幸広・広瀬克哉 (1996)『インターネットが変える世界』岩波書店。
町村敬志 (2000)「再加熱イデオロギーとしてのグローバリゼーション――「世界都市」東京の動機づけ危機」,『現代思想』11 月号。
山根伸洋 (2000)「首都，国家そして計画にみる統制と動員のラフスケッチ　80 年代にいたる道筋，80 年代をこえる道筋」,『現代思想』11 月号。
若林幹夫 (2000)「都市という装置」,『越境する知 4　装置：壊し築く』東京大学出版会。

第 7 章

Chomsky, Noam (2001)／山崎淳訳『9・11　アメリカに報復する資格はない』文藝春秋。
Gluck, Carol (2002) “9/11: Television and War in the 21th Century”. 梅崎透訳「9 月 11 日―― 21 世紀のテレビと戦争」,『現代思想』7 月号。
Louw, Eric (2001) *The Media and Cultural Production,* Sage.
Said, Edward W. (2002)／中野真紀子他訳『戦争とプロパガンダ』みすず書房。
Sontag, Susan (2002)／木幡和枝訳『この時代に想う　テロへの眼差し』NTT 出版。
伊藤守 (2002a)「9・11 をめぐるメディア報道の遠近法」，伊藤守編『メディア

文化の権力作用』せりか書房。
伊藤守 (2002b)「余白のないメディア――テレビをめぐる一省察」,『季刊 d/sign』3 号。
辺見庸 (2001)『単独発言』角川書店。

第８章

Barthes, Roland (1980) *La Chambre Claire: Note sur la photograhie,* Gallimard. 花輪光訳 (1985)『明るい部屋――写真についての覚書』みすず書房。
Benjamin, Walter (1916) "Über Sprache überhaupt und über die Sprache des Menschen," in *Gesammelte Schriften*, Bd. II-1 1972-77, Suhrkamp.　浅井健二郎編訳／久保哲司訳「言語一般および人間の言語について」,『ベンヤミン・コレクションⅠ』ちくま学芸文庫。
Benjamin, Walter (1931) "Kleine Geschichte der Photographie," in *Gesammelte Schriften*, Bd.II-1 1972-77, Suhrkamp, SS. 368-85.　浅井健二郎編訳／久保哲司訳「写真小史」,『ベンヤミン・コレクションⅠ』ちくま学芸文庫。
Benjamin, Walter (1936) "Das Kunstwerk im Zeitalter seiner technischen Reproduzierbarkeit," in *Gesammelte Schriften*, Bd. I-2 1972-77, Suhrkamp, SS. 431-71. 浅井健二郎編訳／久保哲司訳「複製技術時代の芸術作品」,『ベンヤミン・コレクションⅠ』ちくま学芸文庫。
Benjamin, Walter (1933) "Über das Minetische Vermögen," in *Gesammelte Schriften*, Bd. II-1 1972-77, Suhrkamp, SS.210-13. 浅井健二郎編訳／三宅晶子・久保哲司・内村博信・西村龍一訳「模倣の能力について」,『ベンヤミン・コレクションⅡ』ちくま学芸文庫。
Benjamin, Walter (1937) "Eduard Fuchs, der Sammler und der Historiker" in *Gesammelte Schriften,* Bd.II-1 1972-77, Suhrkamp, SS. 256-71. 浅井健二郎編訳／三宅晶子・久保哲司・内村博信・西村龍一訳「エードゥアルト・フックス」,『ベンヤミン・コレクションⅡ』ちくま学芸文庫。
Kittler, Friedrich (1986) *Grammophon Film Typewriter,* Brinkmann & Bose. 石光泰夫・石光輝子訳 (1999)『グラモフォン　フィルム　タイプライター』筑摩書房。